Z 17538

Paris
1717

Gayot de Pitaval [Depitaval], François

Recueil des énigmes les plus curieuses de ce temps...

Oedipe nous figure un Excellent esprit
Qui surmonte un ecueil où tout autre perit.

RECUEIL

DES

ENIGMES

LES PLUS CURIEUSES

DE CE TEMPS.

Dédié à **MADAME,**

DUCHESSE DE BERRY,

FILLE DE FRANCE.

A PARIS,

Chez **NICOLAS LEGRAS**, grande Salle
du Palais, à l'L couronnée.

M. DCCXVII.

AVEC PRIVILEGE DU ROY.

A MADAME

MADAME,

DUCHESSE DE BERRY,

FILLE DE FRANCE.

N ouvrage couvert des voiles de
la nuit,

Peut-il se présenter aux yeux
d'une Princesse,

Qui par divers appas, & l'éclat qui la suit,

Pourroit être du jour la charmante Déesse?

Mais ne voions - nous pas des nuages épais,

Qui viennent s'exposer au Dieu de la lu-
miere?

* ã ij

EPITRE.

Il les perce, il paroît armé de nouveaux traits,

D'une égale vigueur il pourfuit fa carriere :

Ma Mufe trouve encor un rapport plus heu-
reux

Dans l'augufte Régent, l'Auteur de ta naif-
fance,

Les delices du peuple, & l'efpoir de la Fran-
ce :

Des affaires d'Etat le cahos tenebreux

Ne vient-il pas s'offrir à fon intelligence ?

Sa penetration & fon activité

Va diffiper bientôt l'affreufe obfcurité,

Qui cachoit la juftice à fon efprit immenfe,

Toi dans qui nous voions les pretieux trefors

Dont le Ciel enrichit & ton ame & ton corps:

Souffre donc que l'Enigme aille te faire
hommage.

Ah ! déja ton efprit éclaire le nuage.

GAYOT DE PITAVAL.

AVER-

AVERTISSEMENT.

J'Ai eu bien de la peine à refister à l'envie de faire fur l'Enigme une ample Differtation, où j'aurois étalé une érudition d'emprunt, fi la mienne m'avoit manqué dans le befoin. J'aurois débité des conjectures fur l'origine de ce genre d'ouvrage dont le nom eft dérivé du Grec : & comme le pays des conjectures eft fort vafte, je me ferois donné carriere tant que j'aurois voulu ; j'aurois montré l'antiquité de l'Enigme qui a paru dans les Siecles les plus reculés, où les Souverains quittoient leurs Etats pour fe défier les uns les autres à deviner leurs Defcriptions Enigmatiques. Je n'aurois pas oublié l'Enigme que Samfon donna à deviner aux Philiftins dans un grand repas. J'aurois obfervé que l'ufage des Anciens eftoit de propofer des Enigmes dans leurs feftins : j'aurois fait voir que les Paraboles de Salomon, les Propheties de l'ancienne Loi, les Paraboles que la Verité éternelle expofe dans l'Evangile & l'Apocalipfe, font de véritables Enigmes. J'aurois defcendu jufqu'à la Fable qui a fon rapport avec l'Hiftoire, j'aurois parlé de l'Enigme du Sphinx. Afin qu'on ne me reprochât pas de n'avoir d'autre talent que des yeux & de la memoire, j'aurois fait des recherches, inventé des syſtêmes ; & parce que des paſſages Grecs impoſent, j'en aurois paré ma Preface ; car qui doute que le Grec ne ſoit un ornement d'une Diſſertation ? J'aurois épouſé l'Enigme, je l'aurois élevée dans l'excès de ma paſſion audeſſus de tous les autres ouvrages d'eſprit. Pourquoi n'aurois-je pas payé à la prévention, le tribut qu'elle exige de ceux qui traitent quelque ſujet à fond ? Un Auteur célebre fait un Traité de la Deviſe ; ne dit-il pas qu'elle eſt le chef-d'œuvre de l'eſprit ? Je parie que le premier Auteur qui fera un Traité ſur l'Anagramme, dira que c'eſt le plus grand effort de l'imagination, quoiqu'elle n'en ſoit qu'une foible production. Je ne m'en ferois pas tenu là, ſi j'avois trouvé dans mon chemin quelqu'un d'un ſentiment contraire au mien, je l'aurois refuté en faiſant ſuppléer, s'il eût eſté neceſſaire, la force de mes injures à la foibleſſe de mes raiſons ; afin de me conformer à l'uſage autoriſé par l'exemple de plus d'un Savant. Tout bien conſideré, j'ai crû devoir épargner cet étalage d'érudition dans un Diſcours qui étant trop étendu auroit plûtôt réuſſi à ennuier qu'à inſtruire. Je manque l'occaſion d'acquerir à peu de frais le titre de Savant ; parce que j'ai renoncé aux vanitez du monde. Mais, me dira un Cenſeur, vous éludez une obligation que vous avez contractée en donnant au Public un Recueil d'Enigmes, vous lui devez une Diſſertation dans les formes ſur ce genre d'ouvrage ; & en vous contentant d'effleurer cette matiere, vous payez vôtre dette bien cavalierement, j'en conviens : mais c'eſt dumoins entrer en payement ; & c'eſt un grand effort dans un tems auſſi difficile que celui-ci.

J'ai une autre dette à payer dont je m'acquitterai mieux ; je dois rendre compte de ce Recueil, je n'ai garde de décliner ſur cet article, la juriſdiction du Public. Que mes Juges s'aſſeyent dans le Tribunal, me voilà debout devant eux ; je leur dirai d'abord que l'Abbé Cotin, celui-là même que Deſpreaux pretend avoir illuſtré dans ſes Satyres, & François Colletet fils du Poete Claude Colletet, donnerent chacun preſque en même tems un Recueil d'Enigmes. Dans ces Recueils il faut franchir cent buiſſons avant que de rencontrer une roſe ; à peine ai-je trouvé dans l'ouvrage de Colletet deux ou trois Enigmes qui puiſſent paroître ; & encore ſans vouloir faire un reproche à la memo're de cet Auteur, leur ai-je donné bien des coups de lime.

On a vû plusieurs éditions de l'ouvrage de l'Abbé Cotin, sous le Titre de *Recueil des Enigmes de ce Tems.* Quand j'ai voulu mettre ce Livre à profit, j'ai commencé par faire main-basse sur un grand nombre d'Enigmes. On appelle cela s'executer soi-même : j'ai retouché celles que j'ai conservées ; il y en a plusieurs que j'ai refondues entierement, parce que l'expression en estoit trop embarassée ; j'ai taché d'ouvrir par tout un passage à cette raison épurée qui doit guider un Auteur dans un ouvrage d'esprit. J'ai retranché des licences dans les Vers, j'ai respecté des expressions de l'ancienne Poésie que nos Poetes semblent éviter à present comme des écueils , quoiqu'elles caractérisent parfaitement le Vers en le distinguant de la Prose.

J'ai bien un autre grief contre quelques-uns de nos Poetes ; il faut me soulager, je souffrirois trop de me contraindre ; ils s'éloignent de cette belle nature que nos grands Poetes nous representent en alliant la simplicité, avec la noblesse de l'expression : eux au contraire nous donnent des Poésies guindées & alambiquées. C'est en-vain que Moliere a fait tous ses efforts pour proscrire le langage précieux , nous le voyons refugié dans des Poesies nouvelles, où il enleve les suffrages à la honte de nôtre Siecle ; je reviens à mon sujet.

J'ai usé du Recueil de l'Abbé Cotin comme de mon propre bien, j'ai cru avoir autant de droit que cet Auteur sur ces Enigmes ; puisqu'elles ne sont pas de lui, & qu'il les avoit queſtées dans les cabinets de pluſieurs Poetes. Comme je me suis propoſé le deſſein de donner un Recueil d'Enigmes qui pût plaire, je me suis imaginé que le Public les examinoit avec moi, dès qu'il m'a ſemblé que mes Juges se ridoient le front, & fronçoient le sourcil ; j'ai sacrifié les penſées, les expreſſions qui leur donnoient une phiſionomie sombre. Quoique j'aye fait bien des changemens, j'ai cru que je devois laiſſer dans deux ou trois endroits un entrelaſſement irrégulier de rimes maſculines ou féminines qui se joignent, bien qu'elles ſoient differentes ; j'ai encore reſpecté cet ancien uſage de nôtre Poeſie, que neanmoins je me garderois bien d'imiter.

Depuis que Deſpréaux dans ſa Satyre à Moliere a condamné ces expreſſions *Nompareil*, *à nul autre ſeconde*, qui paſſent pour des chevilles dans le Vers ; je les ai retranchées preſque par tout, & ne les ai laiſſées que dans deux ou trois endroits où elles m'ont paru avoir leur place naturelle. Après tout, l'autorité de Despréaux quelque celebre qu'elle soit, ne peut pas abolir entierement des expreſſions Françoiſes conſacrées par Malherbe & par Racan.

Afin de récompenſer le Public des Enigmes que j'ai ſupprimées, je les ai remplacées par plus de cent cinquante que j'ai recueillies dans les cabinets de mes Amis ; j'ai jugé qu'elles avoient le merite que l'on demande dans ce genre d'ouvrage. Ainſi à tout prendre, ce livre peut bien porter le titre de Nouveau Recueil.

Je m'attends bien que quelque Cenſeur dira qu'il y a des Enigmes dans cet ouvrage qui ſont trop claires, parce qu'il en devinera d'abord le ſens : Mais ſi ce critique a tant de pénétration, doit-il m'en faire un crime ? Il aura le plaiſir de voir que cette Enigme qu'il a d'abord compriſe, arrêtera d'autres eſprits. Ainſi en lui épargnant un plaiſir, je lui en procure un autre qui vaut beaucoup mieux, je m'en rapporte à ſon amour propre.

Me voilà bien avancé dans ma Preface, & je n'ai pas encore parlé du caractere de l'Enigme & de ſes regles ; j'adopte la défiition qu'on a donnée de cet ouvrage, lorſqu'on a dit que c'eſtoit un diſcours qui obſcurciſſoit une choſe connue : je voudrois

qu'on ajoutât seulement que la Poésie doit
eftre affectée à l'Enigme. Elle eft herma-
phrodite, car elle a les deux genres mafcu-
lin & féminin : le mafculin eftoit autrefois
le plus ufité, à prefent c'eft le féminin ;
cette bizarrerie de l'ufage donneroit lieu
de faire une jolie Enigme fur l'Enigme
même.

La Métaphore, l'Allegorie, l'Antithefe
font fes figures ordinaires ; elle anime des
eftres inanimés, elle parle magnifiquement
d'un petit fujet : mais l'Antithefe fur tout
eft fa figure favorite. La pointe à laquelle
Defpreaux ne donne azile que dans l'E-
pigramme, trouve encore mieux fa place
dans l'Enigme, parce qu'elle peut cacher
agréablement le fens de l'Enigme : en
donnant le change par fon fens équivoque,
elle redouble tout à la fois la peine & le
plaifir : j'exigerois pourtant qu'on usât fo-
brement de la pointe, depeur de faire re-
vivre un jeu d'efprit que la délicatefle de
nôtre bon goût ne reçoit qu'avec chagrin.

Je ne ferai point ici le petit légiflateur, je
veux laifler fort à l'aife un Auteur d'Eni-
gmes ; ainfi je ne lui défendrai point à
l'exemple d'un Auteur moderne, de faire
des Enigmes fur des privations d'eftre,
comme fur la mort, les ténebres. Pour-
quoi non ? puifqu'on peut faire là deffus

des Enigmes fort ingénieuses. Je me contenterai de dire que l'on ne doit point choisir pour objet d'une Enigme, les verités de la Religion, elles font trop graves pour entrer dans un amufement defprit; d'ailleurs qui pourroit fouffrir qu'on répandît de nouvelles ténebres fur celles dont la foi enveloppe nos myfteres.

Je ne puis encore me difpenfer de faire quelques obfervations fur l'Enigme, la verité en doit eftre l'ame, malgré l'hiperbole & l'équivoque qui femblent s'y oppofer, quoique ces figures dans le fond puiffent fubfifter avec elle : car à l'égard de l'hyperbole elle ne donne point le change ; on n'eft point en ufage de la prendre à la lettre. Quant à l'équivoque, fi elle prefente un fens faux, elle en prefente aufli un vrai que l'on peut recevoir.

Il femble qu'un Auteur d'Enigmes s'éloigne de la juftelfe de l'expreffion, parce que s'il mettoit en œuvre les termes les plus naturels, on faifiroit d'abord le fens de l'Enigme ; il eft donc obligé de fe fervir d'expreffions détournées : mais il doit éviter de donner à cet égard dans un excès ridicule ; il doit marcher avec une grande précaution dans des routes qui n'étant point battues peuvent l'égarer aifément.

Il doit aussi prendre garde que sous prétexte de cacher le sujet de l'Enigme, il ne devienne si obscur, qu'il le soit encore après l'explication. En un mot, voila la regle qu'il faut suivre ; il faut que toute l'obscurité répandue dans l'Enigme s'évanouisse dès que le sujet est expliqué.

Une belle Enigme doit estre faite avec tant d'art qu'elle plaise, quoiqu'on n'en sache pas le sens, semblable à ces tableaux excellens qui frappent quoique l'on en ignore le sujet ; il arrive souvent que lorsque l'Enigme se dévoile à nos yeux, on vient à la mépriser.

Tel est le caractere de l'homme, à peine jouit-il de l'objet de ses désirs, qu'il n'en est plus flaté : malgré ce dégoût si naturel, je pourois citer des Enigmes si ingénieuses, que lorsqu'elles cessent d'estre Enigmes, elles sont toujours en possession de plaire.

Une Enigme ne doit convenir qu'à un sujet ; ainsi celle que le celebre Pontan proposa sur le trou, péchoit par le défaut contraire à cette regle.

Dic mihi quid majus fiat à quo plurima demas.

Un de ses amis lui répondit:

Pontano demas carmina, major erit.
On lui faisoit entendre spirituellement

qu'il eſtoit mauvais Poete. On a employé une ſemblable penſée dans une deviſe qu'on a faite ſur un diamant que l'on polit; ces paroles ſont l'ame de la deviſe *addo dum detraho.* J'obſerverai ſur la penſée de Pontan, qu'elle a été volée par celui qui compara la grandeur d'un Roi d'Eſpagne à celle d'un foſſé qui devient grand par la quantité des terres qu'on lui ôte.

Je ne dois pas finir cet Avertiſſement ſans m'efforcer de défendre l'Enigme du mépris de pluſieurs perſonnes qui la regardent en pitié du haut de leur eſprit. On leur raportera telle Enigme, qu'ils ſeront obligés d'admirer; s'ils en trouvent d'autres qui ne méritent pas leur eſtime, il ne faut pas condamner l'ouvrage: mais il faut condamner l'ouvrier.

J'ai tâché de n'inſerer dans ce Recueil que des Enigmes qui euſſent de veritables agrémens ; s'il y en a quelques-unes qui ne frappent pas des lecteurs difficiles, ils feront réflexion que c'eſt le ſort ordinaire d'un Recueil de ces ſortes d'ouvrages ; en récompenſe ils y en rencontreront d'excellentes, & pluſieurs beaux Vers répandus en divers endrois.

Je dois encore dire pour l'Apologie de l'Enigme, que puiſqu'elle a l'art d'amuſer agréablement, & qu'elle eſt ſuſceptible dés plus beaux ornemens de la Poéſie, elle doit trouver ſa place parmi les productions d'eſprit; dès que nous lui donnerons ce rang, elle entrera dans le paralelle des modernes avec les anciens qui ſeront obligés de leur ceder en ce genre d'ouvrages. Voici donc un nouveau renfort de troupes qui viennent au ſecours des modernes, & qui entreront en lice avec la ſavante Amazone qui eſt à la tête des Partiſans des Anciens.

TABLE.

F

TABLE.

TABLE.

P

T

Fin de la Table.

NOUVEAU

NOUVEAU RECUEIL D'ENIGMES.

I.

E ressemble au torrent qui par son cours rapide
Se dérobe à soy-même, & s'en-
fuit loin de soy;
Je suis de l'Univers le Tyran &
le Roy,
Et de tous les humains le pere
& l'homicide.

Les forces de Milon, & les forces d'Alcide
Ont tenté vainement de s'opposer à moy;
Les superbes Césars ont fléchi sous ma loy,
Et je n'entreprens rien que le Ciel ne me guide.

Tout cede à mon pouvoir par force, ou par
amour,   A

La Lune & le Soleil font la nuit & le jour,
Afin d'entretenir ma puiſſance ſuprême.

Auſſi vieux que le monde, & miniſtre du ſort,
Je conduis ici-bas & la vie & la mort ;
Et comme le Phénix, je renais de moi-même.

II.

MOn corps eſt animé d'un eſprit furieux,
Qui fait un grand fracas auſſitôt qu'il s'élance ;
Plus je ſuis reſſerré, plus j'ai de violence,
Et je porte la crainte & la mort en tous lieux.

Des obſtacles de Mars je ſuis victorieux,
Et mon coup eſt plus grand que celui de ta lance ;
J'excite la tempête, & je marche en ſilence,
La lumiere eſt dans moi ſans l'organe des yeux.

Ce tonnerre de Mars qui ſurpaſſe la foudre,
Cette bouche d'enfer qui réduit tout en poudre,
Je l'imite, & pourtant mon deſſein eſt ſecret.

Je ſuis le nœud fatal d'une haute avanture,
Lorſqu'on me voit ſortir de ma priſon obſcure ;
J'aſſaſſine ſouvent le pere qui me fait.

III.

DE même que les Dieux je ſuis fils de Cibele ;
Quoique je ſois commun, je ſuis fort pre-
cieux.
Je meurs afin de vivre, & l'homme induſtrieux
Me donne tous les jours une forme nouvelle.

Je maintiendrois dans l'homme une vie immor-
    telle;
Il seroit à l'abry du malheur d'estre vieux :
Si d'Adam criminel l'Enfer victorieux ,
N'eût soûmis l'homme au sort de la Parque
    cruelle.

Je tiens toûjours mon rang à la table des Rois,
Je soutiens les Guerriers dans les fameux exploits;
Si leur valeur s'abbat, c'est moi qui la conforte.

Les traits de mes Archers défendent mon tréfor:
Et selon la saison le Ciel veut que je porte
La robe d'Emeraude , & la couronne d'or.

I V.

J'Habite une solide & flotante maison ,
    L'on fait pour m'y tenir une garde severe;
L'amour le plus jaloux est celui de ma mere ,
Qui prend mon ravisseur souvent à l'hameçon.

Il n'est point de Palais si beau que ma prison ,
Je suis un œil charmant privé de la lumiere,
Et je suis recherché de l'ame la plus fiere ;
Pour pouvoir m'enlever, il n'est qu'une saison.

Mes amans animez à ma riche conquête ,
Sans craindre le peril, sans craindre la tempête,
Afin de m'affranchir font les derniers efforts.

Dans un tombeau vivant je suis ensevelie ,
Avec un riche éclat, je suis ferme & polie ;
L'on fait de mes beautés les plus rares tréfors.

V.

Veut-on que je travaille, on m'enchaîne la
　　tête;
Pour mettre cette chaîne, il faut les meilleurs
　　yeux;
Elle fait mon travail, & le rend precieux:
Selon que je le veux, je peins l'homme, ou la bête.

Je ne me lasse point, & je suis toûjours prête;
Voyez-moi travailler, je fais cent mille trous,
Sans que je gâte rien; les sages & les fous
S'amuseront à voir entrer, sortir ma crête.

Au sexe je fournis mille innocens plaisirs;
Que de travaux je fais au gré de ses désirs!
Et par moi l'art souvent égale la nature.

J'instruis, je divertis, je parle par figure;
Sans moi l'on verroit nuds même les plus grands
　　Rois.
Ma science, dit-on, se place au bout des doigts.

VI.

Je fais peu de chemin, & je marche à toute heure;
　Bien qu'il semble à me voir que mes pas soient
　　pesans,
Ma vitesse est égale à la course des ans,
Je voyage toûjours sans quitter ma demeure.

Je ne puis reposer qu'à l'instant je ne meure,
Mais les subtils humains de mon sort artisans,
Pour me ressusciter ont des secrets puissans;
Et selon qu'il leur plaît, je suis pire ou meilleure.

Dans un riche Palais & fous une clef d'or,
Avecque des liens moderant mon eſſor,
Mes Amans curieux me tiennent aſſervie.

Je m'accommode au tems, & je ſuis la ſaiſon;
Je m'agite ſans ceſſe en ma belle priſon,
Et d'un filet dépend & ma mort & ma vie.

VII.

Minerve ſe promene en ma raſe campagne,
Je ſuis le confident de ſes vers accomplis,
Ses ennemis ſouvent ſouillent mon teint de lis,
En grimpant vainement ſur la double montagne.

Les rivages de l'Inde & du fleuve d'Eſpagne,
De riches raretés ne ſont pas ſi remplis;
Les Héros dans l'oubli ſeroient enſevelis,
Sans l'immortalité qui me ſert de compagne.

Partagé des couleurs de la nuit & du jour,
Interprete des cœurs, & confident d'amour,
J'exprime ſes déſirs par un muet langage.

Et quand les libertins corrompent ma candeur,
Je fais ſouvent rougir l'innocente pudeur,
Ce papier ne doit pas en dire davantage.

VIII.

Je ſuis ſouvent dans l'eau pour le bien de la
    terre,
Je preſente la vie, & je donne la mort;
Et mon trait élancé par un ſecret effort,
N'eſt pas moins dangereux que celui du tonnerre.

Ceux qui pour leur profit me font faire la guerre,
Admirent le pouvoir que me donne le fort,
Voyans que le plus foible entraîne le plus fort,
Et que mon ennemi de lui-même s'enferre.

Je n'attaque jamais, je ne fais point de bruit ;
Je frappe en reculant, & plus on me poursuit,
Et plus je suis certain d'acquerir de la gloire.

Je suis souvent captif dans les bras de Doris ;
Sans quitter mes liens j'emporte la victoire ;
Et celui qui me prend, a le sort d'estre pris.

IX.

J'Ai comme le tonnerre une effroyable voix,
Il n'est point ici-bas de monstre plus sauvage,
Je cours en serpentant les plaines & les bois ;
Et l'Hydre en sa faveur feroit moins de ravage.

J'éclate de couroux, & j'écume de rage ;
Je sappe les maisons, & renverse leurs toits.
Tout le monde s'enfuit alors que je parois ;
Et si quelqu'un m'attend, la mort est son partage.

Ces amas de rochers, ces monts audacieux,
Dont le superbe front semble toucher les Cieux,
Doutent si devant moi leur place est assurée.

On voit par ma fureur leurs larges flancs ouverts,
Et je pourrois enfin détruire l'Univers,
Si le Ciel à ma force égaloit ma durée.

X.

UNe Amante dès son bas âge
S'attache avec des nœuds d'aimant
A son cher & fidele Amant,
Dont la beauté lui fait ombrage.

Nature a commencé l'ouvrage,
Le Soleil s'y porte ardemment,
Et sa sœur d'un regard charmant
Favorise leur mariage.

Le cher gage de leurs amours
Adoucit l'ennemi de nos jours,
Et sans magie est plein de charmes,

On voit cet enfant triompher
Quand sa mere a senti le fer,
Dont le coup l'a réduite aux larmes.

XI.

DAns le Palais des Rois où le luxe commande,
J'embellis les festins, & les jeux de la Cour ;
Je fais voir des beautés qui brûleroient l'amour,
Je précede les Rois, le voleur m'apprehende.

Je m'éleve par tout, & ma gloire est si grande,
Que des Dieux immortels j'habite le sejour ;
On m'y conduit en pompe & la nuit & le jour,
Et souvent je leur sers de victime & d'offrande.

J'ai pour ame le feu qui dévore mon corps,
Et ne pouvant souffrir ses funestes efforts,
Je fais couler ensemble & mes pleurs & ma vie.

A iiij.

O race des humains qui gouvernez mon fort,
Faut-il périr ainfi pour vous avoir fervie,
Et que de mon travail le loyer foit la mort?

XII.

JE m'applique au travail pendant toute l'an-
     née :
Mais j'agis davantage aux plus grandes chaleurs,
Je ne repofe point deffus le lit de fleurs,
Où le Ciel me permet de paffer la journée.

Quand l'Aurore en pleurant fa courfe a termi-
     née,
Je fors pour m'enrichir du butin de fes pleurs,
Je fais publiquement le métier des voleurs,
Et pas un Juge encor ne m'en a condamnée.

Echo dans la campagne, Echo dans les forêts
M'importune & m'afflige avecque fes regrets;
Et par tout où je fuis, je chéris le filence.

J'aime pourtant le bruit au milieu des hazards
Où quelquefois mes cris appellent le Dieu Mars,
Quoiqu'en tirant mes traits, moi-même je m'of-
     fenfe.

XIII.

VOici des nations l'écueil inévitable,
     Où fans droit d'accufer les aftres décevans,
Sans l'ire de Neptune & la fureur des vents,
Les plus fages nochers fe perdent dans le fable.

Aux plus belles faifons il eft épouvantable,
Par des coups de malheur l'un l'autre fe fuivans,

Par les noires horreurs des phantômes mouvans,
Et par tout ce qui rend la Parque redoutable.

La nuit qui l'environne étouffe la splendeur
De ceux dont l'Univers adore la grandeur,
De fortune & du tems miserables victimes.

Les cœurs les plus hardis craignent de l'ap-
    procher,
Et les plus infectez & les plus nets de crimes
Le rencontrent par tout sans jamais le chercher.

XIV.

LEs Sages ont douté quelle étoit ma naissance,
  Si je nais de ma mere, ou ma mere de moy.
La fortune en naissant me rend digne d'un Roy;
Et c'est moi qui soutiens la vieillesse & l'enfance.

Sans l'aide de Venus une Vierge a puissance,
Toute chaste qu'elle est, de m'engendrer de soy;
Ainsi nâquit Pallas, si l'on ajoute foy
Aux propos que l'on tient de sa divine essence.

Ma figure est semblable au cercle nompareil
Où commence & finit la course du Soleil,
Et j'ai comme cet astre une vertu feconde.

Je suis, comme l'on sçait, privé de sentiment;
Bien que j'inspire aux miens l'ame & le mouve-
    ment,
Et je meurs à l'instant que je les mets au monde.

XV.

UN heureux climat a produit
Ces aimables infortunées,
Que leurs Amans ont destinées,
A brûler le jour & la nuit.

Mercure avare les poursuit
Aux terres les plus éloignées;
Puis elles sont emprisonnées:

Leur extrême bonté leur nuit,
Leur mort en délices feconde
Les met en bonne odeur au monde,
Et sert de sacrifice aux Dieux.

Mais quand leur corps est dans la flame,
On voit aussitôt que leur ame
Prend son vol, & s'éleve aux Cieux.

XVI.

O Superbes beautez qui triomphiez du monde,
Vainement ébloui par un éclat trompeur,
Vos charmes & les miens ne sont qu'une vapeur,
Et sur l'erreur des sens nôtre Empire se fonde.

Selon que je parois sur la terre & sur l'onde,
Je mets dans les esprits l'esperance, ou la peur;
Le Soleil fait pour moi ce qu'il fait pour sa sœur,
Et j'ai comme elle un corps où la lumiere abonde.

De même que l'Amour j'ai l'usage des traits,
Je présente la guerre, & j'annonce la paix;
Je fais taire les vents, & cesser le tonnerre.

Mais que sert mon pouvoir ? le tems est le plus
    fort,
Ma beauté passagere est frêle comme un verre,
Et l'auteur de ma vie est celui de ma mort.

XVII.

JE suis ainsi que Mars au meurtre accoûtumé,
   Mais je m'y prends toûjours de traitresse ma-
     niere.
Quoique de m'embrasser Thétis soit coûtûmiere,
C'est pour perdre les siens que Vulcain m'a formé.

   Petit & contrefait je suis pourtant aimé
D'un maître qui se plaît à ma vertu guerriere,
Je combats avec lui quand ma force est entiere,
Mais je ne le sers pas toûjours à point nommé.

   Si le tems m'est propice, & si l'art me seconde,
Mon embuche est fatale à la moitié du monde,
Qui m'approche sans crainte, & fait naufrage
    au port.

   Lorsque de me surprendre elle a le plus d'en-
    vie,
C'est alors qu'elle voit sa liberté ravie,
Et que cherchant sa proye elle trouve sa mort.

XVIII.

ON doute si je viens des Cieux ou des Enfers,
   Tant j'apporte aux humains de plaisirs &
    de peines,
J'inspire l'esperance, & les craintes soudaines,
Et rends l'esclave libre au milieu de ses fers.

Aux plus neceſſiteux mes preſens ſont offerts ;
Mais on ne voit jamais que leurs mains en ſoient
     pleines ,
Je n'ai de leurs vrais biens que les images vaines ,
Je flate ſeulement les maux qu'ils ont ſoufferts.

Je ſuis comme l'Amour ſujet à l'inconſtance ,
J'aime comme ce Dieu la nuit & le ſilence ,
Et ne cheris pas moins les antres & les bois.

Je ſuis un Enchanteur qui ſans force & ſans
     armes
Triomphe également des peuples & des Rois ,
Et rien n'eſt ſi facile à rompre que mes charmes.

XIX.

Mon corps, quoique petit, a ſes nerfs & ſes
     veines ;
Sa couleur eſt de feu, ſa ſtructure eſt ſans os ,
En ſon plus noble ouvrage il eſt le plus diſpos ;
Et pour y travailler n'a point d'heures certaines.

Il ſçait l'art d'exciter les paſſions humaines ,
Il peut les découvrir, les cacher à propos ,
Des plus fermes eſprits il trouble le repos ,
Et des plus malheureux il adoucit les peines.

Des ſoldats comme un Roi le gardent dans un
     fort ,
Arbitre de la vie, arbitre de la mort ,
Il tient en ſa puiſſance & la paix & la guerre.

S'il ſort de ſon Palais il n'a plus de pouvoir ,
Il perd toute ſa grace, il eſt hideux à voir ;
Il n'eſt rien de meilleur ni de pire en la terre.

X X.

QUi peut réfister à mes feux ?
J'échaufferois un cœur de glace,
Et je tiens la premiere place,
Parmi les plaifirs & les jeux.

Souvent l'amour me fait des vœux,
Souvent la volupté m'embraffe,
Empruntant ma force & ma grace,
Afin de faire des heureux.

Mon baifer eft un feu liquide
Qui rend hardi le plus timide,
Le plus fage eft tranfporté.

J'ai l'art d'égayer la trifteffe
Je change en force la foibleffe,
Et j'enfante la verité.

X X I.

JE tiens comme les Dieux regiftre des penfées,
Je fixe la parole, & je lui donne un corps ;
Du temple d'Apollon, j'ouvre tous les tréfors,
Mon Art met fous vos yeux les hiftoires paffées.

Mes forces par le tems jamais ne font ufées,
Et mes charmes puiffans reffufcitent les morts :
Par moi du noir Cocyte ils repaffent les bords,
Et viennent triompher des Parques abufées,

J'entretiens les plus fourds fans paroles & fans
    bruit,
Je paffe à ma couleur pour fille de la nuit,

Je mets dans un grand jour les plus secrets mys-
teres.

J'instruis cet Univers de l'un à l'autre bout,
Et quand on me consulte afin de sçavoir tout,
Ainsi qu'un Enchanteur j'use de caracteres.

XXII.

ON embellit mon corps pour l'exposer aux
        flâmes,
Et souvent on le peint de diverse couleur ;
J'instruits par de beaux vers que l'on apprend
        par cœur,
En empêchant Vulcain d'attenter sur les Dames.

Je suis à ton secours lorsque tu me reclames,
Afin de moderer l'excès de la chaleur ;
Favorable aux amans, je conserve la fleur,
Et l'éclat des beautés qui regnent sur leurs ames.

On me tient comme un sceptre, & la nuit & le
        jour,
On me demande aux champs, à la ville, à la
        Cour,
Souvent je garantis une vilaine face.

Quand le cruel hiver tient le monde en prison,
C'est alors qu'on m'ajuste, & que j'ai bonne
        grace,
Mais chacun m'abandonne en la belle saison.

XXIII.

AU regne de l'Aurore, à la porte du jour
J'avois parmi les bois ma vie entretenue ;
Et quoique ma laideur fût assez reconnue,
J'estois la passion des Nymphes d'alentour.

Depuis que j'ai quitté cet aimable séjour,
Le luxe me retient, l'avarice me tue ;
Et par ses soins jaloux ma tâche continue,
Afin de contenter & la Ville & la Cour.

Je vieillis tous les ans, & je me renouvelle,
Je meurs sans voir ma race, ô Nature cruelle !
Elle me fait difforme, & mon ouvrage est beau.

Je m'enlace moi-même aux filets de la Parque,
Et par un sort égal à celui d'un Monarque
Elle m'ensevelit dans un riche tombeau.

XXIV.

JE suis une beauté dont l'extrême inconstance
Change selon les lieux de visages divers,
Rien n'est si passager dans ce grand Univers,
Et rien ne fait au tems plus longue resistance.

Les plus voluptueux recherchent ma présence
Parmi les prez fleuris & les ombrages verds ;
La chaleur des Estés, & le froid des Hivers,
Me font également sentir leur violence.

Je cause autant de maux que je cause de biens,
Quand on me veut forcer j'échape à mes liens,
Et je remplis d'effroi tous les lieux où je passe.

De mes charmes puiſſans les Princes amoureux
Avec de longs travaux me conduiſent chez eux;
Mais pour eux quelquefois je ſuis toute de glace.

XXV.

LOrſque la Nature ſommeille,
Je fais paroître mes beautez;
Aux champs que le jour a quittez,
Je ſuis la petite merveille.

Mon éclat n'eſt point emprunté;
Sur la terre, je ſuis un aſtre
Qui ne prédis aucun deſaſtre;
De me prendre l'on eſt tenté.

Ma lumiere croît, diminuë;
Mais ſouvent on veut m'approcher,
Que je me dérobe à la vûë,
Et l'on ne ſçait où me chercher.

XXVI.

NOus ſommes deux jumeaux de pareille gran-
deur,
Employez à parer une noire maîtreſſe,
Nous ſommes faits tous deux pour la ſervir ſans
ceſſe,
Et pour elle Vulcain ſe conſomme d'ardeur.

On ternit de nos fronts la plus vive ſplendeur,
Quand l'Epoux d'Orithie eſt cauſe qu'on nous
preſſe;
Plus ardent eſt l'Eſté, plus ils ont de froideur.

Ainſi que le Soleil nous portons à toute heure.

La couleur du métail que l'avarice pleure,
Quand avec ses tréfors on enleve fon cœur.

Dès que l'Hiver s'enfuit, nôtre tâche eft finie ;
Mais fi le Ciel toûjours exerçoit fa rigueur,
On nous verroit toûjours en bonne compagnie.

XXVII.

QUand on voit mes beautez, on voit la vive image
De l'œil de la nature & du plus beau des Dieux ;
D'un fort pareil au fien je domine en tous lieux,
Et des peuples de l'air me viennent rendre hommage.

Proche de mon trépas je parois davantage,
Un homme en refpirant me dérobe à fes yeux ;
Et dans l'employ fatal que j'ai reçû des Cieux,
Chacun diverfement profit à mon dommage.

Delicate je crains & la pluye & le vent,
Et vous me voyez vivre & mourir fi fouvent,
Que ma foudaine mort ne vous met guere en peine.

Contraire & favorable aux défirs des Amans,
Je puis nuire & fervir à leurs contentemens,
Et n'eus jamais pour eux ni d'amour ni de haine.

XXVIII.

NOus parfumons les airs autant que fait l'Aurore,
Quand elle peint le Ciel de fes vives couleurs,
Et vient reffufciter, ce grand peuple de fleurs
Dont la mort détruifoit la puiffance de Flore.

Nôtre teint est brûlé comme celui d'un More,
Qui souffre du Soleil les ardentes chaleurs ;
On nous expose au feu dont l'ardeur nous dévore ,
Et le luxe par tout entretient nos malheurs.

Le monde est si cruel qu'il cherche ses délices
En l'injuste rigueur de nos derniers supplices ,
Et veut se divertir à nous sacrifier.

Comment cet ennemi nous laisseroit-il vivre ?
Il s'est imaginé que la mort qu'il nous livre,
Peut avoir la vertu de le purifier.

XXIX.

LE Soleil ne voit point la terre où je suis née ,
Aux rayons de ses yeux c'est un secret caché,
Si d'extrêmes efforts enfin n'ont arraché
La porte du cachot où je suis confinée.

Dès que je vois le jour, je suis infortunée,
Au vouloir des mortels mon sort est attaché ;
Et sans estre souillé d'un énorme péché,
Je suis par leur arrêt aux flames condamnée.

J'éprouve chaque jour des supplices nouveaux,
Après les feux ardens je passe par les eaux,
Mais l'ardeur me blanchit, & la froideur m'en-
    flâme.

La force de mon corps necessaire en tous lieux ,
Est cause que souvent le monde me reclame ,
Soit aux Palais des Rois, soit aux Temples des
    Dieux.

XXX.

Adultere de la beauté,
Je corromps tout ce que je touche,
Et mon baiser gâte la bouche
Où je me suis trop arrêté.

Celle dont l'amour effronté
Me reçoit jusques dans sa couche,
Au Soleil se montrant farouche,
Fuit le grand jour & la clarté.

Plein de poison & d'artifice,
Je deviens le juste supplice
Des Dames qui m'ajoûtent foy.

Je leur cause de maux extrêmes,
Vange la nature & la loy,
Et les punis par elles-mêmes.

XXXI.

Les Astres dessus nous ont versé leurs trésors,
Et nous sommes des Cieux la vivante pein-
ture ;
Chef-d'œuvre incomparable, où la sage nature,
Pour se faire admirer, a fait tous ses efforts.

Nos humeurs ont toûjours de merveilleux rap-
ports,
Et nous nous ressemblons de poil & de figure,
Habitans un Palais d'admirable structure,
Et dont le seul aspect donne mille transports.

Quand l'un fait un projet, l'autre est de la par-
tie;

Et nous sommes liez de telle sympatie,
Que l'un ressent de l'autre & le bien & le mal.

Un de nos mouvemens tient lieu d'une priere,
En la vie, en la mort nôtre sort est égal,
Et le cours de nos ans est un cours de lumiere.

XXXII.

Explication de la precedente Enigme.

POur deux nobles jumeaux ces vers furent tra-
    cez,
Par eux l'Amour s'explique, il menace, il conjure;
Ils sont d'une si chaste & si fiere nature,
Qu'on n'ose les toucher qu'ils n'en soient offensez.

Sans partir de leurs places en tous lieux disper-
    sez,
Ils visitent des prez l'agréable verdure;
Ils voyagent dans l'air jusqu'à la nuit obscure,
Ils parcourent le monde, & ne sont point lassez.

Ils sont juges des arts, ils parlent sans langage,
S'élançant vers les Cieux ils rendent leur hom-
    mage,
Et peuvent déclarer ou la guerre, ou la paix.

Ils blessent sans fraper, un Roi craindroit leurs
    armes,
Ils doivent leur victoire à l'effort de leurs char-
    mes,
Et de Mars & d'Amour ils empruntent les traits.

XXXIII.

UN trompeur agréable, un peintre ingé-
    nieux
Déçoit le plus subtil, & surprend le plus sage ;
Et nous fait admirer les traits de son ouvrage,
Encor qu'il soit toûjours invisible à nos yeux.

Il peut representer les hommes & les Dieux,
Des corps & des esprits il nous trace l'image ;
Son pinceau délicat a seul cet avantage,
Que sans l'aide des mains il travaille en tous lieux.

Ce fameux Artisan est d'une humeur légere,
Et doit toute sa gloire aux rigueurs de son pere,
Qui l'expose en naissant aux injures de l'air.

Il est par ce moyen connu de tout le monde,
Il montre avec éclat sa science profonde,
Et Zeuxis n'a rien fait qui le puisse égaler.

XXXIV.

FIlles de la douleur & filles de la joye,
    Nous sommes les enfans & les meres d'Amour,
Nous lui payons tribut dans sa superbe Cour,
Et de sa cruauté nous devenons la proye.

Nous courons fort souvent où ce Dieu nous
    envoye,
Quelquefois malgré lui nous paroissons au jour;
La pitié nous precede, & nous suit à son tour,
Du cœur où nous tendons elle est la seure voye.

Sur l'esprit le plus dur nôtre effort est fatal,

Et nous faifons couler des fleuves de criftal,
Où le feu de l'amour imprudemment s'attife.

Le fort nous a donné la maifon des Jumeaux,
Nous pouvons tout au Ciel, & par nôtre en-
tremife
On peut voir en tout tems deux Aftres dans les
eaux.

X X X V.

I Ssus d'un pere malheureux,
Enfans de l'air, efprits de la flâme,
Nôtre fort eft bien rigoureux
Puifque la douleur eft nôtre ame.

Medecins des cœurs amoureux,
Nous préfentons un faux dictame,
Contre le trait qui les entame,
Et contre les coups dangereux.

Inconfiderez interpretes
Des paffions les plus fecretes ;
Nous difons ce qu'il faut celer.

Mais pour expier nôtre offenfe,
Cupidon nous laiffe immoler,
Nous mourons à nôtre naiffance.

X X X V I.

J E me repais de fang comme font les Tyrans,
Et ne fçais refpecter ni fceptre, ni couronne ;
Je fais par tout la guerre, & n'épargne perfonne,
Et fuis même cruel à mes propres parens.

On a peine à trouver le fort où je me rends ,
Quand je pourſuis quelqu'un le ſommeil l'aban-
     donne ;
Je vis de mes larcins , & pas un ne me donne ,
Et mes membres aux yeux ne ſont point apparens.

Je me tiens enfermé , car je riſque à paroître ;
Je ſuis perſecuté de ceux qui m'ont faite naître ,
Et contre mon ſalut leurs traits ſont animez.

J'habite a près d'une eau dont la ſource me
     noye ,
Je trace mon chemin , je laboure ma voye ,
Et je fais des ſillons qui ne ſont point ſemez.

XXXVII.

E N ma verte jeuneſſe alors que j'élevois
  Auſſi haut que le Ciel mon orgueilleuſe tête ,
Les fiers Tyrans de l'air auteurs de la tempête ,
Ont tenté vainement quelles forces j'avois.

Je ſors pour voir le monde , & je quitte les bois ;
Si je n'y ſuis forcé , jamais je ne m'arrête ,
Je fais de l'Univers l'objet de ma conquête ,
Et porte les tréſors des peuples & des Rois.

Je cours ſans me laſſer l'un & l'autre Hemiſ-
     phere ,
Le Ciel m'eſt favorable, & le Ciel m'eſt contraire,
Sa haine , ou ſon amour regle mes mouvemens.

Je regne dans la paix , je regne dans la guerre,
Comme le Roi des Dieux je lance le tonnerre ;
Et pour me promener , on attelle les vents.

XXXVIII.

JE suis fils de Cybele, & la grande Thétis
M'embrassoit autrefois avec ses bras humides,
Et j'avois pour séjour ces hautes pyramides
Que semblent maîtriser les flots assujétis.

Mais ces flots irrités en torrens convertis
M'arrachent quelquefois du sein des Néréides,
Et quelquefois je tombe en des mains homicides
Dont mes rares trésors ne sont point garantis.

En changeant d'élement je change de nature,
Quand la rose & le lys me prêtent leur peinture,
A mes amans jaloux ma beauté coûte cher.

De mon prompt changement la raison est
      confuse,
Voyant que le Soleil comme une autre Meduse
D'un seul de ses regards me transforme en rocher.

XXXIX.

JE touche de mes pieds le centre des abîmes,
Et je porte ma tête aux celestes flambeaux,
Je loge dans mon sein mille monstres nouveaux,
De Nature & d'Amour les erreurs & les crimes.

Je suis comme un autel tout chargé de victimes,
Je loge les poissons, les ours, & les oiseaux,
J'habite également & la terre & les eaux,
Sourd ainsi que la mer à des vœux légitimes.

Neptune & Jupiter contre moi conjurés
Dans les plus grands assauts que leurs bras m'ont
      livrés,   Ont

Ont tenté vainement de me réduire en poudre,

Ils n'ont pû me ravir mes superbes trésors,
Au lieu de me noyer ils baignent mon grand corps,
Qui consomme à la fin le trident & la foudre.

X L.

ON voit en l'air une maison
Qui peut passer pour labyrinthe,
Où ceux qui cheminent sans crainte
Sont arrêtés en trahison.

C'est une fatale prison,
Un lieu de gesne & de contrainte,
Où leur pauvre vie est éteinte
Par un monstre plein de poison.

Sa malice est ingénieuse,
Et de Vulcain la main fameuse
Dresse des pieges moins subtils.

Son art de bâtir est extrême,
Et sa matiere & ses outils
Se rencontrent tous en lui-même.

X L I.

D'Un pere paresseux le destin m'a fait naître,
Et je suis toutefois plus leger que le vent ;
Et par mon inconstance il arrive souvent
Que celui qui m'a fait ne me peut reconnoître.

Tel qu'un autre Prothée il me plaît de paroître,

B

Et pour me faire voir la nuit marche devant ;
Pareil à Cupidon mon regne est décevant,
Et je confons le fort de l'esclave & du maître.

Mais à quel desespoir ne suis-je point réduit ?
Avec ses traits ardens Apollon me poursuit,
Alors que je me cache à l'ombre de Diane.

J'ai recours vainement à mes charmes divers,
Devant un si grand Dieu je fuis comme un profane,
Et je me vais sauver dans un autre Univers.

XLII.

J'Ai d'un fameux Empire obtenu la couronne
Par ma vive blancheur, par ma rare beauté,
D'un peuple florissant à mes pieds arrêté,
Soit le jour, soit la nuit, la pompe m'environne.

Je passe en pureté la fille de Latone,
Mon haleine au parfum est égale en bonté ;
Et je dois à Junon qui m'a seule enfanté,
La blancheur de mon teint dont l'éclat vous
        étonne.

Une Reine qui vient du beau sang de Cypris,
Et dont la pourpre & l'or gagnent par tout le prix,
Se lie avecque moi d'une étroite alliance.

De vos augustes Rois les peres m'ont élu,
Je les fais reconnoître ; & qui ne m'a point vû,
N'a jamais vû le Dieu qui préside à la France.

XLIII.

QUi pourroit en beauté contre moi difputer ?
L'aurore à fon lever fe cache en ma préfence,
Je porte aux nations la corne d'abondance,
Et fais en leur faveur defcendre Jupiter.

Les armes des Géans ne peuvent réfifter
Aux corps impétueux des flêches que j'élance ;
Comme en certains déferts on voit des monts in-
    fames
Précipiter enfemble & les eaux & les flames,
Ces élémens de même habitent dans mon fein.

Les divers mouvemens dont je fuis agitée,
Empêchent que fur moi l'on fonde aucun deffein,
Et je change de forme autant que fait Prothée.

XLIV.

POur rendre un lieu fecret on m'en ouvre l'en-
    trée,
Tout le monde me voit, & je n'ai point de corps ;
Et du fond de l'abyme où defcendent les mors,
Je m'éleve fouvent à la voute azurée.

Comme il plaît au Soleil, je change de con-
    trée ;
Tandis qu'à me chaffer tendent tous fes efforts,
Des lieux où je régnois il me jette dehors,
Et ne me laiffe point de retraite affurée.

De ce Roi des faifons l'incomparable fœur,
B ij

Dans son plus grand éclat redoute ma noirceur,
Qui donne à ses beautés une atteinte mortelle.

J'embrasse l'Univers de l'un à l'autre bout,
J'aime tant les humains que je les suis par tout,
Mon sort veut que leurs yeux ne me trouvent
    point belle.

X L V.

JE fais ouïr une harmonie
  Dont les differentes douceurs
Egalent celles des neuf sœurs,
Quand leur troupe est la mieux unie.

  Aussi divine qu'Uranie
Je plais aux Dieux mes possesseurs,
Et les hommes de saintes mœurs
Cherchent souvent ma compagnie.

  Un esprit anime mon corps,
Et par de merveilleux ressors
Le pourvoit de langue & de bouche.

  Je fais toute seule un concert,
Pourvû qu'un Apollon me touche,
Autrement mon esprit se perd.

X L V I.

D'Un frere & d'une sœur je raconte l'histoire,
  Telle que la nature & le tems le font voir ;
L'un ne sçauroit souffrir de l'autre le pouvoir,
Tant ils sont orgueilleux & jaloux de la gloire.

Encor que l'un ſoit blanc, & que l'autre ſoit
    noire,
Le monde également s'offre à les recevoir ;
Ils lui rendent tous deux un éternel devoir,
Et chaeun à ſon tour emporte la victoire.

Leur naiſſance eſt illuſtre, ils ſont enfans des
    Cieux,
L'une comme un Argus eſt toute pleine d'yeux,
L'autre plus clair-voyant n'a qu'un œil qui l'é-
    claire.

Des céleſtes Jumeaux ils imitent le ſort,
Ils ſe ſuivent par tout malgré le ſort contraire,
Et nous les avons vûs renaître après leur mort.

XLVII.

MOh corps eſt ſans couleur comme celui des
    eaux,
Je change à tout moment ſans perdre ma figure ;
Je fais plus d'un ſeul trait que toute la peinture,
Et puis mieux qu'un Apelle animer mes tableaux.

Je donne des conſeils aux eſprits les plus beaux,
Et ne leur montre rien que la verité pure ;
J'enſeigne ſans parler pendant que le jour dure,
Et la nuit on me vient conſulter aux flambeaux.

Parmi les curieux j'établis mon empire,
Je repreſente aux Rois ce qu'on n'oſe leur dire,
Et je ne puis flatter ni mentir à la Cour.

Comme un autre Pâris je juge les Déeſſes,
Qui m'offrent leurs beautés, leurs graces, leurs
    richeſſes ;

Et je leur entretiens les charmes de l'amour.

XLVIII.

JE fais suivre par tout mes inconstantes loix,
Au Roi des Animaux, à la bête, à la plante;
Et c'est pendant la nuit que je suis triomphante,
Je vois dessous mes pieds les peuples & les Rois.

Des Cieux & des Enfers je puis faire le choix,
Je ne repose point tant je suis vigilante;
Et l'on me reconnoît à ma trace brillante,
Soit au milieu des eaux, soit au milieu des
        bois.

L'Amour dont le pouvoir est égal à l'audace,
De mes froides beautés n'échauffe point la glace,
Sans passer en mon cœur il s'arrête à mes yeux.

Dans un Palais d'azur je porte un Diadême
Tissu des belles mains de la Nature même,
Il ne peut s'ébranler qu'à la chûte des Cieux.

XLIX.

JE puis donner aux eaux un frein de diamant,
J'échauffe des Tritons, & les couvre d'écume;
Comme un esprit de feu ma colere s'allume,
Et remplit de frayeur l'un & l'autre élement.

J'ébranle des mortels l'éternel fondement,
Lorsque je prens un corps de souffre & de bi-
        tume;
Mon souffle est un venin dont l'ardeur me con-
        sume;

Et qui ternit l'éclat des feux du firmament.

Souvent à mon abord tout le Ciel fond en lar-
mes ,
Et les traits d'Apollon sont moins forts que mes
armes,
Quand la fureur de l'Ourse à la mienne se joint.

Je suis un grand Tyran aussi vieux que le
monde,
Dans le regne inconstant où mon trône se fonde ;
L'on me connoît par tout, & l'on ne me voit
point.

L.

Ormé d'invisible matiere,
J'ai des aîles comme un oyseau ;
Je prens mon vol dès le berceau,
J'embellis l'Aube matiniere.

Ainsi qu'un Ange de Lumiere
Je rends le Ciel serein & beau,
Et devant moi la terre & l'eau
Reprennent leur grace premiere.

Par mon retour délicieux
J'appaise le lyon des Cieux,
Et l'ire de la Canicule.

Si vous voulez vous transporter
Au-delà des bornes d'Hercule,
Vous devez me solliciter.

LI.

LE beau nom que je porte est si rempli de
    charmes,
Qu'à l'ouïr seulement il ravit les esprits;
Mon corps est une fleur dont l'éclat est sans prix,
Et bien souvent l'Amour l'arrose de ses larmes.

Je donne aux plus vaillans de mortelles allar-
    mes,
Et de mon seul abord ils demeurent surpris;
Je détruis quand je veux les desseins qu'ils ont
    pris,
Et sçais bien les dompter sans recourir aux armes.

Je vois de toutes parts les Rois humiliés
Apporter leur couronne & leur sceptre à mes
    pieds,
Et je suis des humains la Déïté visible.

Mon Empire autrefois s'étendoit jusqu'aux
    Cieux;
Qui pourroit expliquer qu'il eût esté possible,
Qu'une fleur passagere en attirât les Dieux?

LII.

VOici l'amoureuse Clitye
    Avecque cet enfant si beau
Qui vit naître & mourir dans l'eau
La flâme qu'il avoit sentie.

Sur eux Flore s'est divertie

Par son ingénieux pinceau,
Et brillant d'un éclat nouveau
Amarante est de la partie.

Ces merveilles font leur séjour
Sur des monts où regne l'amour,
Où les feux sortent de la neige.

C'est là que leur captivité
Est par un heureux privilege
Plus belle que leur liberté.

LIII.

LE meilleur de mon corps se tient caché sous
    terre,
Où durant deux saisons je demeure vivant :
Puis on m'en fait sortir pour me faire la guerre,
D'un yvrogne abbatu j'aide le dissolvant.

Je suis rond, blanc & net, & poli comme verre;
Quand on me fait quitter ma prison du Parterre,
J'ai pour me garantir des injures de l'air,
Des robes de satin d'une couleur de chair.

Ma grace & ma beauté causent tout mon mal-
    heur ;
Car me voyant paré d'éclatante couleur,
Parfumé pour Bacchus d'une odeur agréable.

On est de m'approcher tellement curieux,
Que bien qu'à mon abord les pleurs viennent
    aux yeux ;
Les plus friands mortels m'appellent à leur ta-
    ble.

LIV.

Ux climats où Zéphire a le plus de puiſſance,
    Où Cybele ma mere a le plus de douceurs,
Je ſors d'entre ſes bras pour me nourrir des pleurs
Qu'une beauté divine épand à ſa naiſſance.

A peine ai-je quitté les langes de l'enfance
Que je m'élance en haut, que je ſurprens les
        cœurs ;
Que je veux imiter Uranie & ſes ſœurs,
Et que les beaux eſprits admirent ma ſcience.

Je ne ſcais point prévoir, je vis frugalement ;
Je mets mon plus grand ſoin à vivre nettement ;
Et porte ſur mon dos un habit Angelique.

Pallas a fait pour moi les arbres de la paix,
Je ne fais aucun mal, je ne pique jamais,
Et je paſſe mon tems à chanter en Muſique.

LV.

La tête d'un camp-volant
    Que la nature vient de faire,
Ainſi qu'un jeune volontaire
Je commence un combat ſanglant.

J'ai le cœur ſans ceſſe brûlant
D'une genereuſe colere,
Dont ma trompette haute & claire
Devance le coup violent.

Mon attaque ferme & soudaine
Surprend le plus grand Capitaine,
Quelque ordre qu'il puisse donner.

Et malgré sa troupe guerriere
Je le choisis sans m'étonner,
Et lui romps droit en visiere.

LVI.

DEMANDE.

Expliquez-moi, sçavant Tyrsis,
Quels Zephirs amoureux ont mêlé leurs haleines
Au courant des fontaines,
Et n'ont produit que des soucis.

REPONSE.

Ces vents dont l'Amour est le pere,
Sortent d'un antre si caché,
Que je serois fort empêché
A vous découvrir ce mystere.

Ces tristes messagers d'un amoureux travail,
Par une porte de Corail
Font toûjours leur entrée au monde ;
Ils sont ennemis de la paix,
Et quand ils sont sortis de leur grotte profonde,
Ils n'y rentrent jamais.

LVII.

JE furprends le monde fans bruit,
     Et par une noire avanture
Compagne de la mort & mere de la nuit,
J'efface les beautez de toute la nature.

     L'excès de ma grandeur fait que je parois
          moins,
     Et tous les peuples font témoins
     Que je change plus que la Lune.

Mon empire dépend des regards du Soleil,
     Il fait ou défait ma fortune ;
Je regne à fon coucher, je meurs à fon réveil.

LVIII.

AInfi qu'un long ferpent je traîne
     Mon corps à replis tortueux ;
Je fuis fi peu refpectueux,
Que j'enchaîperois une Reine ;
Le jour je me tiens dans mes trous,
Et la nuit je les quitte tous.

LIX.

SAns confumer les cœurs nous les pouvons brû-
          ler ,
Nous fommes les flambeaux & les miroirs des
     ames ,

Dont les vifs sentimens s'expriment par nos flâ-
mes ;
Et dans nôtre silence on nous entend parler.

LX.

J'Enseigne sans parler & le mal & le bien,
Et je fais tout sçavoir, pourtant je ne sçai rien ;
Je suis belle quoique fort noire,
Je suis tutrice de la gloire.

Sans moi la renommée en naissant périroit,
Je rends ses beautés immortelles ;
Les vivans & les morts reconnoissent mon droit,
Et j'enchaîne le tems, & lui coupe les aîles.

LXI.

MA Maîtresse qu'on voit souvent
Aussi muable que le vent,
Se laisse prendre à l'or dont la couleur me pare :
Et sitôt qu'échauffé je la veux caresser,
Aux yeux de tout le monde elle me vient baiser.
Est-il rien plus leger ? est il rien plus avare ?

LXII.

J'Ai le corps velu comme un Oars ;
Briare avoit cent bras, & j'ai plus de cent têtes :
Vulcain pour les former excite ses tempêtes ;
Et leur nombre peut croître & décroître toûjours.

Je suis tantôt en ville, & tantôt en campagne,
    Mes larges flancs enferment mon tréfor :
Et pareille au dragon qui gardoit les fruits d'or,
    La vigilance m'accompagne.

LXIII.

Nous nous éloignons de la terre,
Où pour vôtre plaifir vous nous faites la guerre,
Mais dans le tems qu'on nous voit envoler,
    Nous formons un épais nuage :
    Mais n'en redoutez point l'orage,
    Il n'eft pas fait pour vous troubler.

LXIV.

Avecque des liens mêlés d'or & de foye,
    Des Maîtreffes des Rois je tiens la liberté;
        Et la plus fevere beauté
Souffre qu'en ma prifon tout le monde la voye.

LXV.

Un Géant qui s'éleve aux céleftes flambleaux,
    Et qui tient dans fes bras & la terre & les
        eaux,
Dans le fein de Thetis a pris fon origine;
Et fi nous en croyons le rapport de nos yeux,
    Courbé comme un Atlas fous la charge des
        Cieux,
On diroit qu'il foutient leur pefante machine.

LXVI.

Elui qui préside aux saisons
Visite cent fois ses maisons,
Pour me communiquer l'éclat qui l'environne,
Cybelle m'a conçu des regards de ce Dieu ;
Et mon destin veut qu'en tout lieu
Les Rois me doivent leur couronne.

Les peuples nés au siécle d'Or
Ne me connoissoient point encor,
Je n'étois point pour eux le Soleil de la terre,
C'est au siécle de fer qu'on m'a tendu les mains ;
Et je n'ai tenté les humains
Que depuis qu'ils se font la guerre.

C'est en vain que pour me cacher,
J'entasse rocher sur rocher ;
Ils déchirent mon corps, ils me coupent les vei-
nes,
Et sans pitié des maux que le monde a soufferts,
Ils vont chercher jusqu'aux Enfers
L'éternel Auteur de leurs peines.

LXVII.

Elle dont nos beautés ont tiré leur naissance,
Et dont Neptune a jouïssance,
S'enyvre du Nectar des Dieux
Dans ses repas délicieux ;
Et nôtre pompeuse famille
Qui la ceint d'un superbe tour,
Lui présente d'une eau qui brille

Autant que la clarté du jour.

Qui se peut dérober aux yeux de l'avarice
Et s'exempter de l'injustice ?
Du fond de nos Palais on nous vient arracher ;
De la cupidité nous sommes la victime,
Et la nuit d'un abyme
Est trop claire pour nous cacher.

Mais pour vanger le tort qu'on fait à l'innocence,
Nous avons par tout la puissance
D'enchainer les amours de nos persecuteurs ;
Leurs Reines superbes & braves
Sont du moins autant nos esclaves
Que nous sommes les leurs.

LXVIII.

Comme Pallas je nais armée,
J'ai le manteau de poupre & la couronne d'or,
Le Soleil à vos yeux étale mon trésor,
Et par tout les Zéphirs portent ma renommée.

Sous le plus bel aspect des Cieux
Naissent mes beautés souveraines,
Que l'on voit s'élever sur la tête des Reines :
Mais n'en murmurez point, je suis du sang des
Dieux.

LXIX.

Je suis Nymphe invisible
Qui fais de l'air mon élement,

Et qui ne serois plus sensible,
Si je n'avois point eu d'amant :
Dans l'état où je suis ce bel objet me touche,
J'en parle & je n'ai point de bouche,
Cent fois je meurs, & revis en un jour :
Et ceux qui comme moi sont martyrs de l'amour,
Me viennent consulter au fort de leur martyre ::
Mais je leur donne un conseil décevant,
Autant en emporte le vent,
Et je ne leur dis rien que ce qu'ils me font dire.

LXX.

TOut le monde travaille à troubler mon re-
pos,
Sans estre criminel on me met à la chaîne,
Et mes nerfs endurent la gêne,
Mais je n'en suis pas moins dispos.
Ainsi que les vents j'ai des aîles,
Et mes courses sont éternelles ;
Je rampe sur le ventre ainsi qu'un long serpent,
Par cent bouches de feu je vomis cent tempêtes,
Et par mes fameuses conquêtes,
Du Nord jusqu'au midi ma gloire se répand.

LXXI.

UNe forêt d'Amour est si haut élevée,
Que l'on peut voir les astres au dessous,
Sa puissance magique est par tout éprouvée,
Et son aspect est dangereux & doux :
Par une ingénieuse & cruelle malice
Où le fer & le feu ne sont point oubliés,
On y tend des filets pour nôtre précipice,

Et les plus forts font les plus déliés.

LXXII.

DEs filles du Soleil je diftingue le nombre,
Par moi leur tems eft limité,
Et leur immortelle clarté
Se reprefente par une ombre.

LXXIII.

CElui qui détruit tout eft celui qui m'engendre,
Pourvû qu'on fçache l'art de ménager le vent;
Et que par un fouffle fçavant
On tire mon corps de la cendre.

LXXIV.

LOrfque je prens ma courfe au milieu des fo-
rêts,
Ma fureur eft fi violente,
Que celui qui domptra le monftre d'Erimante
Ne pourroit pas m'abatre de fes traits:

Ainfi qu'un Pontife admirable
Je tiens le premier rang aux mifteres des Cieux,
Et fans mon fecours favorable
L'Encens ne fume point fur les autels des Dieux.

Mais baifers changent toutes chofes
Au milieu de la nuit je ramene le jour,
Ma couleur eft celle des rofes

Et j'éclate autant que l'amour.

On ne fait point sans moi de solemnelle fête,
Je suis cruel & beau, necessaire en tout lieu :
Devine qui je suis ? je ne fûs jamais bête,
Et je ne suis homme ni Dieu.

LXXV.

MOn pere n'est pas laid, encor qu'il soit tortu,
Et nous avons tous deux une mere com-
mune,
Plus on me presse, & plus j'ai la vertu
De résister aux traits de la fortune.

Et quoique je sois libre & franc,
On me fait sur la terre
Une si rude guerre,
Que les plus inhumains s'abreuvent de mon sang.

LXXVI.

JE porte un riche Diadême
Par la faveur d'une beauté suprême
Qui ma donné l'éclat des célestes flambeaux,
Je préside au milieu d'un grand cercle d'étoiles ;
Et quand la nuit étend ses plus superbes voiles,
Elle n'a point de feux plus beaux :
Faut-il donc s'étonner si ma beauté s'admire
Alors qu'elle se mire,
Mais ma honte & mon desespoir
Viennent pourtant de me trop voir.

LXXVII.

JE remplis l'Univers de mille objets funebres ,
  De larmes , ni de sang je ne puis m'assouvir ;
Fils d'un Pere brillant , je nais dans les ténebres,
Je viens à la lumiere afin de la ravir.

  J'aime la couleur rouge & je cause la noire ,
Je blesse & suis blessé , je bats & suis battu ;
La honte suit mes coups aussi-bien que la gloire ,
Et je suis instrument de vice & de vertu.

  Un avare me cherche , un inhumain m'em-
      ploye ,
Je donne le trépas , & je rends éternel :
Mais en perdant autrui, moi-même je me noye,
Et me cache aussitôt que je suis criminel.

  Je nâquis de bas lieu , mais j'éleve qui m'aime,
Je sçais verser le sang, & je sçais l'arrêter;
Ami de la fureur , ennemi de moi-même ,
Seul je m'attaque , & seul je me puis résister.

  Je suis des deux parties, & je ne suis point traî-
      tre ,
En un même moment j'attaque & je secours ;
Par moi l'on est captif, par moi l'on devient
      maître ;
Tout cruel que je suis, j'ai pourtant mes amours.

  Je borne les Etats & je les fais accroître,
J'y sers également en la guerre, en la paix,
Toi qui m'entens parler travaille à me connoître ;
Garde-toi si tu peus, de me sentir jamais.

LXXVIII.

Bien que je fois fans voix, fans bouche, &
    fans oreilles ;
La Mufique me doit les plus douces merveilles ;
Quand je me fais ouïr tout tremble deffous moi,
L'Art fait voir en mon corps une double nature,
Je fuis petit en tout, en naiffance, en ftature,
Pourtant je bats monnoye auffi bien qu'un grand
    Roi.

LXXIX.

Qui pourroit parcourir mes differens emplois?
    Bien que je rende heureux ceux à qui je me
      donne ;
Après m'avoir battu foudain on m'emprifonne,
Et je fuis le jouet & des feux & des croix.

    Dans ma captivité je triomphe des Loix,
Gémiffant fous les fers je porte la Couronne ;
Et l'on me voit fouvent quand mon deftin l'or-
    donne,
Ou fervir aux Bergers, ou regner fur les Rois.

    J'affifte l'orphelin, je confole les veuves,
Ma conftance réfifte aux plus rudes épreuves,
Et pourtant quelquefois je paffe pour leger.

    Mais bien que chaque jour par cent Métamor-
    phofes,
Les moins ingénieux me changent en cent chofes,
Je fuis toujours moi-même, & je ne puis changer.

LXXX.

AVant que d'eftre né je me vois fans raifon,
Enfermé par ma mere en un tombeau de
        pierre ;
Mais le fer qui retient les autres en prifon,
Me rend la liberté par une douce guerre.

    Tout le monde me craint, tout le monde me
        fuit,
Je mene dans le port, & je fais des orages ;
Le jour m'eft ennemi, je le fuis de la nuit ;
Et je forme ici bas Etoiles & nuages.

    Je fuis cruel en terre, innocent dans les Cieux,
L'ennemi qui me tue, eft très-fouvent mon pere ;
J'embellis le vifage, & j'enlaidis les yeux ;
Je farde, & toutefois au fard je fuis contraire.

    Mes baifers font mortels, & caufent une ar-
        deur,
Dont même les plus froids ne fe peuvent défen-
        dre :
Mais au moins leur trépas les couvre de fplen-
        deur,
Et les fait tous brillans dans la tombe defcendre.

    Vainement je m'efforce à ternir ma clarté,
Ma Nature s'oppofe à mon noir artifice,
Malgré moi mon éclat perce l'obfcurité,
Et mon fort veut qu'enfin par tout je me trahiffe.

LXXXI.

JE suis le blanc époux d'une brune maîtresse,
  Pour me l'ôter du sein il me faut déchirer ;
Quoique je l'aime fort, lorsqu'elle me caresse,
Tout muet que je suis on m'entend murmurer.

  Sans qu'on m'ait offensé je chante des injures,
Sans changer de couleur j'ose tout assurer,
Je provoque au combat & cause des blessures,
Et tout mort que je suis je fais rire & pleurer.

  Je cache les secrets, quoique je les découvre,
Je souffre également & le bien & le mal,
J'ai par tout de l'emploi, dans les champs, dans le
    Louvre ;
Je sers à la maîtresse, à l'amant, au rival.

  J'apprens les bonnes mœurs, & j'enseigne le vice;
Tout le monde est ravi de mon doux entretien,
Je sauve du trépas, j'annonce le supplice,
J'enrichis tout d'un coup, & je n'eus jamais rien.

  Je suis le confident, & l'héritier des sages,
Je conserve moi seul tous leurs trésors divers:
On lit dessus mon front tous les temps, tous les
    âges,
Et l'on y voit dépeint tout ce grand Univers.

LXXXII.

JE suis l'Astre animé, qui d'un pas diligent
  Court sans se fatiguer dessus un Ciel d'argent,

Où par des nœuds subtils on me voit arrêtée :
Je suis de la clarté la mobile maison,
Jusqu'à ce que la nuit sur l'horison montée
M'enferme sous le toit d'une tendre prison.

Clair & vivant flambeau j'éclaire & je conduis,
Je sers fidellement le maître à qui je suis ;
Je lui découvre tout, aveugle pour moi même,
Dans les plus grands dangers j'accompagne ses
　　　pas ;
Et s'il meurt par l'effort de quelque mal extrême,
Pour preuve de ma foi je meurs à son trépas.

J'emprisonne l'amour dans mon sein de cristal,
Il repose en moi comme en son lieu natal,
Je lui fournis des traits, je lui prête des flâmes,
C'est moi qui suis sa mere, & qui l'ai couronné :
Mais sentant le pouvoir de ce Tyran des ames,
Je me rends à celui que je tiens enchaîné.

Infidele miroir je flatte & je trahis
J'ôte & rends la santé, j'ordonne, j'obéis ;
Sans langue, sans discours j'accorde & je refuse ;
Triste, joyeux, mourant, vif, doux & furieux,
Je permets, je défens, j'autorise & j'accuse ;
Et j'éteins tout d'un coup la colere des Cieux.

Soumise à la raison, je la forme & l'instruis ;
Je fais voir les plaisirs, je fais voir les ennuis,
Je produis dans mon ciel mille perles liquides,
Rien ne peut être égal à mon activité ;
Je devance aisément les traits les plus rapides,
En roulant je fais mieux remarquer ma beauté.

J'ai dans mon voisinage une agréable sœur,
Qui me ressemble en âge, en graces, en douceur,
Son Amant est le mien, nous avons mêmes armes,
Sa puissance est par tout égale à mon pouvoir ;

Pour

Pour les mêmes desseins nous accordons nos char-
 mes :
Mais par un sort cruel nous ne nous sçaurions
 voir.

LXXXIII.

Martyr de l'avarice en ouvrages feconde,
 Pour me faire servir on me bat en cent
  lieux;
Et des adroites mains par leur soin laborieux
Me donnent mille emplois sur la terre & sur
 l'onde.

Je sers dans le ménage, & puis lassé du monde,
On me voit entourer un bon Religieux,
Je sers aux criminels, quoique je serve aux Dieux;
Et fais voir mon orgueil sur la mer vagabonde.

Sitôt que je suis né l'on me plonge dans l'eau ;
Après qu'on m'a brisé, le fer est mon bourreau,
Il n'est point de fortune à la mienne semblable.

Je suis blanc, je suis roux, je suis foible & je
 suis fort,
Aveugle je conduis dans le port désirable,
Je sauve du danger, & je donne la mort.

LXXXIV.

Amant infortuné d'une aimable maîtresse,
 Dont la grace est égale à sa vivacité,
Charmé de ses appas je la poursuis sans cesse,
Pour lui montrer l'amour dont je suis tour-
 menté.

Pour satisfaire mon envie,
Elle m'accorde enfin un baiser amoureux ;
Mais helas ! ce baiser est fatal à ma vie,
Car j'en meurs tout d'un coup par un fort ri-
     goureux.

LXXXV.

NOir Tyran de l'esprit je lui donne la gêne,
     Je vais toûjours en masque, & me montre
          en tous lieux :
Pour sçavoir qui je suis tout le monde est en peine;
Mais quand on me veut voir, on n'a pas besoin
     d'yeux.

Je ne suis presque rien, & je suis toute chose,
Je suis un beau Soleil, je suis un vermisseau ;
Quelquefois je suis feu, puis sans métamorphose
Je passe adroitement sous la forme de l'eau.

Mon pouvoir est si grand qu'il fait parler des
     marbres,
Je donne une couronne à qui n'a point de bien :
Je rends tout amoureux, je fais marcher les ar-
     bres ;
J'enrichis, & pourtant il ne m'en coûte rien.

Un monstre m'enfanta dans des grottes obs-
     cures ;
Il prit pour me cacher le manteau de la nuit;
Malgré ce voile épais je prens mille figures,
Pour briller à la Cour où mon sort me conduit.

J'inspirai de l'amour à la belle Sylvie,
Qui se plaignit par tout d'aimer un inconnu :
Mais quand j'eus contenté son amoureuse envie,

Elle alla se vanter de m'avoir vû tout nud.

Tu travailles envain, toi qui me veux connoî-
tre,
Je suis ce que je suis, tes vœux sont superflus;
Car dès que ton esprit devineroit mon estre,
Sur le champ je ne serois plus.

LXXXVI.

FReres presque infinis, d'un sort bien different,
Nous sommes des beautés l'ornement & la
peine;
Nous débordons ainsi que les flots d'un torrent,
Et le moindre Zéphir nous meut de son haleine.

Tandis qu'en liberté nos germains vont errant,
Sans avoir fait un crime on nous met à la chaîne;
Et nous n'avons jamais d'éclat plus apparent,
Qu'avecque la couleur de l'or & de l'ébeine.

Sous un voile pieux & sous un crespe noir,
Nous donnons aux mortels le plaisir de nous voir:
Mais lorsqu'un soin exact nous regle avec étude,
Celui qui de son rang s'écarte tant soit peu,
Est aussitôt puni d'un châtiment si rude,
Qu'il passe sans merci par le fer & le feu.

LXXXVII.

UN portail de cynabre est devant ma maison,
Où quelquefois je nais avant qu'estre con-
çûe:

Mais pour estre efficace il faut qu'en la prison
D'un Dedale animé soudain je sois receûe.

Mon pouvoir sur les cœurs est sans comparai-
     son,
Lorsqu'un art délicat m'a de grace pourvûe,
J'ai des traits tout remplis de miel ou de poison,
Et je découvre tout sans pouvoir estre vue.

Je surpasse en pouvoir & l'argent & le fer,
Mon zele ardent émeut & le ciel & l'enfer,
Souvent bien que sans poids je suis d'un poids
     extrême.

J'étale quelquefois des trésors sur un point;
Aucun ne vous dira qui je suis que moi-même.
Je vous fais tout connoître,& ne me connois point.

LXXXVIII.

JE suis gros, je suis lourd, quoique j'aille fort
     vîte,
A l'homme en un besoin je puis servir de gîte,
Lorsque je sers d'asile au faquin illustré,
Il est par les passans comme un Prince honoré.

On me mene à la ville, aux champs & dans le
     Louvre,
On m'employe à conduire un amoureux dessein,
Les plus rares beautés reposent dans mon sein,
Et daignent bien souffrir que mon habit les cou-
     vre.

Mais de tant de faveurs que pas un ne me loue,
Mon destin est cruel autant qu'il est nouveau,
Mon pere en me faisant semble estre mon bour-
     reau,

Il me lie , il me frappe , il me perce , il me roue.

Je souffre tous ces maux , mais quelquefois je
 crie ;
On sçait l'art d'appaiser mes plaintes & mes cris,
Par un remede sain , doux & de petit prix ,
Dont lorsqu'on m'a frotté, ma douleur est guérie.

Aveugle que je suis on me donne trois guides,
Dont l'un en conduit deux avec la verge au poing,
Quoique je sois traîné , je ne me lasse point ,
Et l'on ne reconnoît mes pas que par des rides.

J'ai presque même sort que le cheval de Troye,
Par deux endroits égaux j'enfante sans douleur ,
J'enferme la beauté plûtôt que la valeur :
Enfin je suis commode à quiconque m'employe.

***

LXXXIX.

DEs beaux esprits j'occupe le loisir,
 Je porte un masque au visage semblable,
Qui me cachant irrite le désir ;
Car au grand jour je suis moins agréable.

Souvent j'échape à qui me croit saisir ,
Et les beaux traits qui me rendent aimable,
Font de la peine & causent du plaisir :
Mais trop de fard me rend reconnoissable.

En plein midy mon sçavoir nompareil
Peut mettre un voile audevant du Soleil ;
J'ai de grands mots une nombreuse escorte.

Je vous invite à démêler ce point ,
Qui me connoît m'appelle en même sorte.

Que l'ignorant qui ne me connoît point.

X C.

S Ans moi vous rendriez les armes
Aux divins appas de Philis ,
Je fais douter si la laide Cloris
Ne possede pas bien des charmes.

Tout objet m'est indifferent ,
Je conserve qui me possede ,
Et je n'ai pas un soin plus grand
Pour la belle que pour la laide.

J'ôte à l'amant la liberté
De voir ce qui charme sa vûe ,
Et seulement ma cruauté
Lui découvre ce qui le tue.

Je rends favorable à mes vœux
La plus rude & la plus farouche ;
Et je baise ce que je veux ,
Excepté les yeux & la bouche.

Par moi l'Amant sans estre ingrat
Peut méconnoître sa Maîtresse ;
Je méprise le tiers état ,
Et ne hante que la Noblesse.

Sexe trompeur , j'exerce vos esprits ,
Souvent je fais tort à qui m'ôte ;
Si vous voyant , les cœurs sont peu surpris ,
Je n'en dois pas porter la faute.

XCI.

JE prends la mine , la posture ,
Le tour de ce qui m'apparoît ;
Et tout le monde me connoit
Pour le portrait de la nature.

Je parle aux sourds , je suis muet ,
Sur le champ je peins trait pour trait ,
Bien mieux que Peintres & Poëtes ;
Voulez vous voir ce que je suis ,
Cherchez à voir ce que vous estes ,
Rien davantage ne vous dis.

XCII.

JE suis un invisible corps,
Qui de bas lieu tire mon estre ;
Pour sauver son honneur , mon maistre
Cele qui je suis , d'où je sors.

Je parle & me tais à la fois ,
Et bien souvent lorsqu'on me presse
Je deviens-femelle traitresse ,
De franc mâle que je serois.

J'ignore l'art de discourir ,
Je sçais pourtant me faire entendre ;
Le même moment qui m'engendre
Me voit naître, vivre & mourir.

Par moi l'un des sens est touché
D'une très-fâcheuse influance,
Et l'on rougit de ma naissance

Comme on rougiroit d'un peché.

Un Poëte eut sept villes pour soi
Dont chacune s'en disoit mere :
Mais ce qui se fit pour Homere,
Jamais ne se fera pour moi.

Mes Dames dont l'esprit charmant,
De m'expliquer ose entreprendre,
Gardez-vous bien de me méprendre,
Et de me faire en me nommant.

XCIII.

EN moi sans cesse l'on admire
Le même aspect, les mêmes ans,
Et je suis la glace où se mire
Un seul objet pour un seul tems.

Si je suis pâle, je suis blême,
Hors de moi-même je me voi ;
Enfin je ne suis que moi-même,
Et je suis un autre que moi.

De peur que je vous embarrasse
Et de crainte que je ne passe
Pour un Enigme decevant,
En deux mon estre se partage;
L'un est mort, l'autre est vivant :
Mais le mort dure davantage.

XCIV.

JE suis arbre où rien ne se cueille,
Qui porte mes rameaux en bas ;
J'ai toujours des branches sans feuille
Qui de mon tronc ne sortent pas.

Je ne laisse rien où je passe,
Par moi ce qui nuit est chassé,
Et la propreté suit la trace
Qui montre par où j'ai passé.

Je suis ennemi de l'ordure,
Je fais un Palais d'un taudis.
Et suis l'ordinaire monture
Des Grandiers & des Goffredis.

Avec l'enfance j'ai commerce,
Quoiqu'elle tâche de m'éviter ;
En un mot bien souvent j'exerce
La servante, le Magister.

XCV.

COmposé d'eau, d'air & de feu,
Je suis d'amoureuse nature ;
Et je dure toujours trop peu,
Quelque tems que l'on me procure.

Il n'est point d'assez beau crayon,
Pour peindre ma douceur entiere,
Je fais un fidelle rayon
De la félicité derniere.

Souvent je fers mal à propos
A des embûches qui fe dreffent,
Et comme un bouton je m'éclos
De quatre rofes qui fe preffent.

En me volant, le plus grand Roi
Reffent une douceur extrême,
Je renferme mon bien dans moi,
Et fuis mon tréfor à moi-même.

Je ne fçaurois bien m'appuyer,
Si l'on me tient la bouche clofe ;
Et c'eft me voler tout entier,
Que de me prendre quelque chofe.

Ma douceur calme en un moment
L'Amant qui tempête, & qui gronde ;
Je fuis le prélude charmant
Des plus grands plaifirs de ce monde.

XCVI.

J'Ignore ma fortune & quel fort m'accompagne,
Je puis des mains d'un gueux paffer aux mains
    d'un Roi ;
Quiconque va tout nud n'a que faire de moi ;
Et qui me forme unique, y perd plus qu'il n'y ga-
    gne.

On me voit dans la France, on me voit dans
    l'Efpagne,
Parmi les nations j'ai mon petit employ,
Sans moi l'ajuftement fe trouve en defarroy ;
Je fuis blanche à la ville, & jaune à la campagne.

J'entre, je fors, je rentre aux lieux où je me
    tiens,

J'attache tout le monde, & n'ai point de liens
Des pieds impunément on foule ma personne.

Où je fais mon devoir, là je trouve un soutien,
On me prend, on me jette, on me presse, on me
    donne :
Mais c'est en dire trop sur un peu plus que rien.

XCVII.

QUand la voix meurt, on me voit naî-
    tre,
L'on me fait mourir d'un seul mot ;
Je suis moins que rien, ou plûtôt
J'empêche quelque chose d'être.

Le Chartreux me prend pour son lot,
Aux yeux je ne sçaurois paroître ;
Par moi l'on ne peut reconnoître
L'habile homme d'avec le sot.

Ce n'est pas moi qui persuade,
Je suis propre pour un malade,
Et mon regne est durant les nuits,

Qui suis-je ? Esprits que l'on admire,
Je ne suis pas ce que je suis,
Si j'ai pouvoir de vous le dire.

XCVIII.

DE tous les ornemens de l'humaine structure,
Plus aisément que moi, qu'est-ce que l'on
    peut voir ?

Entre deux clairs flambeaux m'a placé la Nature,
Penchant fur un abyme où je ne fçaurois choir.

Une perle liquide eft l'Hyver ma parure,
Je fuis Grec & Romain, & plaît quand je fuis
        noir ;
Une convulfion altere ma figure,
Alors de m'honorer chacun fait fon devoir.

On dit que j'ai cent pieds : mais c'eft quand on fe
        mocque,
Une mauvaife haleine & me fâche & me choque,
Je quitterois pour lors la préfence d'un Dieu.

Je tiens ma gravité ferme comme un Apôtre,
Sans jamais me tourner ni d'un côté ni d'autre,
Ainfi que la vertu je demeure au milieu.

XCIX.

NOus fommes deux contre un que nous pref-
        fons fouvent,
Pour éviter nos coups il faut qu'il aille vîte,
Nous logeons la viteffe où la pareffe habite,
Et quiconque nous craint n'a qu'à fendre le vent.

Par nous qui languiffoit devient vif & mou-
        vant,
Une morte vigueur par nous fe reffufcite,
Et par nôtre fecours fagement on évite
Le danger où s'expofe une tête à l'évent.

Nous fommes attachés au fervice d'un maître
Qui nous tient toujours bas autant qu'on le peut
        eftre,
C'eft à l'extrémité qu'il nous donne un appuy.

Nous sommes ses captifs qui le suivons sans
  cessé ,
Nous semblons accuser son extrême rudesse ;
Sitôt qu'il fait un pas , nous crions après lui.

C.

JE suis dénué de raison ,
  Je ne sens pas quand on me presse ;
La chair est mon Palais, ou plûtôt ma prison ;
Je suis toujours au bout , & je pousse sans cesse.

  Aux gueux je suis fort nécessaire ;
  Ils me laissent croître fort haut.
A toute heure ils me font le sanglant échafaut ,
Où de leur ennemi la mort est exemplaire.

  Je me passe fort bien d'habits :
  Mais l'on me voit par intervalle
Tout bordé de velours , tout chargé de rubis ;
Sans que je sois plus riche & que je sois moins
  sale.

  Un fer des deux côtés égal
  Souvent me découpe & m'outrage :
Mais qui me fait trop court en se causant du mal,
Ressent de la douleur de mon propre dommage.

C I.

A la moitié du monde l'on me voit nécessaire ;
  Mais pour l'autre moitié je ne lui sers de
  rien ,
Il n'est usage ici plus commun que le mien ,

Et je suis composé de forme & de matiere.

Sans que je sois captif je porte mon lien,
J'ai des bords, & ne suis ni fleuve ni riviere ;
Je suis privé de vie, & c'est chose ordinaire
Que l'on fait cas de moi quand je me porte bien.

Sans titre, sans noblesse au climat où nous
  sommes,
On me voit élevé pardessus tous les hommes ;
Je m'abbaisse au bon jour, je m'abbaisse à l'adieu.

Je suis utile au fou, je suis utile au sage,
Devant les grands Seigneurs je suspens mon usage,
Et la civilité me chasse de mon lieu.

C I I.

Mon usage commun est modeste & reglé,
C'est le fard innocent des naïves pucelles ;
D'un art fort ingenu je rends service aux belles,
Et je les sers toujours dans leur deshabillé.

Que le chef soit prudent, qu'il soit écervelé
S'il a besoin de moi, mes soins lui sont fidelles.
J'ignore ce que c'est que de faire querelles,
Et j'ai tous les matins un nouveau démêlé.

Dans la confusion j'établis un bel ordre,
J'ai de fort belles dents dont je ne sçaurois mor-
  dre ;
Et quand je me fais voir, je les montre à chacun.

Je m'étends d'un côté, je me serre de l'autre,
Mais quel étonnement devroit estre le vôtre ?
Voyant comme j'engraisse estant toujours à jeun.

CIII.

SAns aucun mouvement je me porte en tous
    lieux ,
Je vois diftinctement , quoique je fois fans yeux ;
Sans avoir mains ni bras , je fuis fort redoutable,
Je porte un corps pefant & ne fuis point palpable;
Je fuis touché , je touche , & je n'ai point de
    corps ,
Je fuis foible fouvent dans mes plus grands efforts·

Je fuis dans un Palais d'admirable ftructure,
C'eft l'ouvrage des Dieux , l'effort de la nature ;
Et ce fuperbe lieu qui me fert de maifon ,
N eft qu'un fombre cachot, qu'une étroite pri-
    fon.

Dedans cette demeure embarraffé de chaines
Je fuis libre , & choifis les plaifirs ou les peines ;
Et fans fortir des fers , je vais jufques aux Cieux,
Je fuis toujours en terre & m'approche des Dieux.

Tous les fiécles paffés font de ma connoiffance,
Et fouvent l'avenir tombe fous ma puiffance ;
Je fuis l'auteur des maux & des profperités ,
Et parmi les mortels mes jours font limités,

La race des humains à fa perte animée,
Par mon fecours combat & défait une armée.
Je vois à mon pouvoir tous les peuples foumis ,
Souvent je fuis captif de mes trois ennemis.

Tout foible que je fuis , ma force eft fans exem-
    ple ;
J'éleve les Autels , je renverfe les Temples ;

Je suis parent des Dieux, comme eux je suis
    sans corps,
Comme eux je suis exempt d'estre au nombre des
    morts:
Toutefois des mortels je suis les destinées,
Avec eux je commence & finis leurs années.

CIV.

JE gouste le repos dans le creux d'un rocher,
Où les mortels hardis ont peine à m'approcher.
Loin du trouble & du bruit tranquille en ma de-
    meure,
Sans jamais m'affliger incessamment je pleure.

Je sommeille en mon lit sans l'aide du sommeil,
J'ai vécu sans vieillir autant que le Soleil ;
Et jamais dans ce lieu ma beauté n'eut d'atteinte.
L'on m'en voyoit sortir sans aucune contrainte,
Avec un teint d'argent, un éclat plein d'appas,
Faisant naître & mourir les fleurs dessous mes pas.

Les plus chastes beautés qui craignent d'estre
    vûe,
Souvent dedans mon lit se jettent toutes nues :
Mais les Rois m'ayant fait l'objet de leurs plaisirs
De ma froide beauté j'échaufe leurs désirs.

J'allume dans leurs cœurs un feu sans m'avoir
    vûe,
Quoique mon corps ne soit qu'une glace fondue,
Pressés de leur amour ils me font rechercher,
Au lieu de ma naissance & dedans mon rocher.

L'ennemi de mon fort ose ouvrir la tranchée,
Pour découvrir l'endroit où je m'estois cachée;

A la fin l'on me prend, l'on me met en prison,
Et de sombres cachots me servent de maison.

Je tâche à m'échaper; mais il faut que je suive,
Et qu'aux Palais des Rois je me rende captive;
Mon teint vif en ces lieux paroît trouble d'abord,
L'on m'y voit fondre en pleurs par un extrême
    effort:
Sans repos jour & nuit vers le Ciel j'y soupire,
Sans sentir toutefois ni plaisir ni martyre.

C V.

Nos corps sont composés d'une humide ma-
    tiere
Qui trouble & qui ternit la plus vive lumiere;
Ils sont formés d'une eau qui s'engendre à l'en-
    tour
De ces astres brillans qui nous donnent le jour:
Et quoiqu'en un moment nôtre liqueur se fonde,
Elle paroît pourtant aux yeux de tout le monde.

Souvent ce qui nous fait reçoit de nous le jour;
Quand l'Amour nous produit, nous produisons
    l'Amour:
Nous causons les plaisirs, quand nous venons des
    peines,
Nous faisons des captifs, & nous brisons des chaî-
    nes;
Nous abbatons la force & donnons la vigueur,
Nous fléchissons souvent la plus grande rigueur.

Enfin dans un moment nos petits corps fluides
Font de plus grands effets que les torrens rapides;
L'on voit en un moment nôtre tendre liqueur
Briser sans faire effort la dureté d'un cœur,
D'un globe de cristal faire sortir des flames,

Et d'une goute d'eau brûler de belles ames;
Faire naître la haine & la forte amitié,
Et n'estre toutefois qu'un objet de pitié.

CVI.

Tyran du monde entier, je fomente la guerre
Dans les airs, dans la mer, & sur toute la
    terre;
Je vois les Rois trembler sous ma severe loi,
La moindre créature est pourtant plus que moi.

Rien ne peut surmonter l'effort de ma puissance,
Toutefois tant qu'on peut on me fait résistance;
Tandis qu'à mon pouvoir les vivans sont soumis,
On peut voir en tous lieux regner mes ennemis.

Quel est donc mon pouvoir? ou quelle est ma
    foiblesse?
Je renverse les Rois & la forte jeunesse:
Mais un simple soûpir, un mouvement du cœur,
Triomphe de ma force & se rend mon vainqueur.

CVII.

Nous sommes tous des corps, & l'on ne nous
    voit pas,
On ne sçait pas trop bien nôtre cause & nôtre
    estre;
Ce n'est qu'à nos effets qu'on nous peut reconnoî-
    tre,
Et nos efforts souvent ont causé le trépas.

Les plus forts contre nous sont foibles comme
    verre,

Nous moiſſonons ſans faux les preſens de Cerès ;
Nous faiſons quelquefois des nuages de terre,
Et faiſons voir des champs où furent des forêts.

Nous élevons des monts où l'on voit des abymes,
Nous oſtons à la terre, & nous donnons à l'air ;
Nous tuons l'innocent, & nous vangeons les cri-
    mes,
Dieu ſeul nous peut mouvoir & nous peut arrê-
    ter.

CVIII.

JE me loge ſouvent auprès d'un champ fertile,
  Et mon ventre bruyant eſt toûjours affamé ;
Je n'aime point les bois ; ni le lieu renfermé,
Parce qu'en ces endroits je ſerois inutile.

J'ai le corps remuant, une jambe immobile,
Et porte ſur le front un ſigne renommé ;
D'un eſprit furieux mon corps eſt animé,
Et mieux je ſuis vêtu, & plus je ſuis habile.

J'ai le pouls inégal, tantôt trop violent,
Tantôt plus pareſſeux, tantôt un peu trop lent ;
Ne comptez pas ſur moi, le caprice me guide.

J'ai le pied dans la terre, & j'habite les airs,
L'eſprit qui me conduit excite les Hyvers,
Et j'agis pour chaſſer la faim du ventre avide.

C I X.

JE brûle de l'amour d'une belle pucelle,
Elle expire pour moi, quand je brûle pour elle:
Nos désirs sont pareils jusques à nôtre mort,
Elle entretient mon mal, & son amour en pleure;
Sitôt qu'elle n'est plus, mon sort veut que je
　　meure;
Je survis un instant par un petit effort.

C X.

JE suis une Cité de charmante structure;
J'ai pourtant contre moi des ennemis si forts,
Qu'ils abbatent mes murs & ruïnent mes forts,
Sans avoir de ma part souffert aucune injure.

L'on est tenté d'abord en voyant ma figure,
De faire contre moi d'agréables efforts.
Mon gouverneur me vend, mes habitans sont
　　morts,
Et comme leur cité je suis leur sépulture.

Les plus fâcheux Hyvers sont pour moi des
　　Estés;
Car je sens des chaleurs de ces lieux écartés,
Que brûle le Soleil sous la Zône torride.

La mer rouge souvent vient arroser mes bord,
Mais j'ai des ennemis dont la fureur avide
Sçait prendre le dedans, & tarir le dehors.

CXI.

SUr un superbe Mont Nature m'a placée;
Je ne puis naître ailleurs qu'en ce noble séjour,
Où l'or le plus souvent quand je parois au jour,
Voit sa belle couleur par la mienne effacée.

Aprèsque mille fois cent pointes m'ont percée,
Et le fer & le feu me gênent à leur tour;
Je lie en cet état les esclaves d'Amour,
Dont par mille baisers je me sens carressée.

Souvent la vanité me charge d'un Trésor,
De riches Diamans, de fleurs de soye & d'or;
Et chaque sexe enfin m'accommode à sa guise.

La regle du Clergé me met en habit court,
Le peuple qui le suit comme lui me méprise :
Mais en revanche aussi l'on m'ajuste à la Cour.

CXII.

JE suis d'un petit monde un petit labyrinthe,
Qu'une épaisse forêt cache ordinairement;
Le bas d'une montagne est mon appartement,
Où l'air seul peut entrer sans aucune contrainte.

Une Dame préside en ma petite enceinte,
Qui ne sçauroit agir que par moi seulement;
Quoiqu'elle soit sans corps, elle a du sentiment,
Et toûjours l'ignorant lui donne quelque atteinte.

C'est à nous seulement que l'on fie un secret,
Parce que nous gardons un silence discret,
Et que rien ne sortit jamais de nôtre bouche.

On me charge à la Cour d'or & de diamans ;
Mais la moindre chanfon, dont le bel air nous tou-
    che ,
A pour nous plus d'appas que tous ces ornemens.

CXIII.

Uoique je femble efclave, on me croit Sou-
        veraine
Dans un Palais étroit où je fais mon féjour ;
Là mon corps attaché ne peut paroître au jour ,
Sans faire une action indigne d'une Reine.

Je caufe le plaifir , & j'engendre la peine,
Miniftre de la rage & Miniftre d'amour ;
Neceffaire en tous lieux , mais fur tout à la Cour,
Où quand j'ai le credit, rien n'echape à ma haine.

Lorfque de mes enfans l'invifible beauté
A dans fes chaînes d'or tout le monde arrêté ,
Un Eloge pompeux m'en donnera la gloire.

Souvent quand de beaux yeux fecondent mon
        pouvoir,
D'un fimple mouvement je gagne une victoire ;
Et j'ofe bien aux Rois apprendre leur devoir.

CXIV.

Ans un trône mouvant ma mere m'a fait
        naître ,
Et fans eftre cruel j'aime , & répans le fang ;
Lapourpre m'embellit, je commande à mon maître:
Dans un monde abbregé je tiens le premier rang.

Quelque fier que je fois, je fais pourtant hom-
    mage

A deux freres jumeaux vêtus comme la nuit ;
Et tiens à grand honneur qu'un si bel esclavage
M'ôte la liberté dont l'usage me nuit.

Mille esprits que j'enfante ardens comme la flâme
M'attirent tout ensemble en mille endroits divers,
Et sans m'ôter du lieu dont je conserve l'ame,
Me font en un moment parcourir l'Univers.

Ce qui me fait souffrir prend chez moi sa naiſ-
    ſance ,
Dans mon propre Palais je suis emprisonné;
Et sans un grand malheur pas un n'a la puiſſance
De me faire sortir où je suis enchaîné.

Je loge en même endroit des paſſions contrai-
    res ,
La vaillance , la peur , la joie & les ennuis ;
Je n'ai pas une sœur , j'ai million de freres ;
Et quiconque a du cœur , peut sçavoir qui je suis.

C X V.

MA mere est claire & blanche, & je suis som-
    bre & noire ;
Nous naiſſons parmi vous , & mourons tous les
    jours :
Au lieu de nous donner un mutuel secours,
Nous cherchons toutes deux l'honneur & la vic-
    toire.

Elle par des efforts que l'on ne sçauroit croire,
Me chaſſe , me pourſuit , & m'agite toûjours ;
Moi j'évite ses coups par de subtils détours,
J'amoindris sa grandeur , & j'obscurcis sa gloire.

Mais quand je me défens avec plus de vigueur,

Qu'elle ne jette plus que des traits de langueur,
La nuit qui nous surprend finit nôtre querelle.

Alors chacun nous croit visiblement périr ;
Et comme le destin me fait naître avec elle,
Je meurs au même instant que tu la vois mourir.

CXVI.

JE meurs & je renais, & par un sort nouveau
Les lieux où je naquis me servent de tombeau ;
Celui qui m'a formé fait l'or, l'argent, le cuivre :
Je suis utile à tous en la guerre, en la paix ;
Il me faut enterrer pour me faire revivre ;
Et si je ne pourris, je ne revis jamais.

CXVII.

JE marche nuit & jour sans craindre le danger,
Je fais le plus souvent mon séjour à la ville ;
Pendant le mauvais temps voulez-vous voyager,
Vous connoîtrez alors combien je suis utile.

Selon l'occasion je change d'ornemens,
Tantôt je suis vêtu d'une riche écarlate,
Tantôt d'un beau velours orné de passemens,
Où l'or de tous côtés assez souvent éclate.

De crainte quelquefois que les brouillars ou l'eau
Ne souillent sans respect l'habit dont je me pare,
Je suis toûjours garni d'un assez bon manteau,
Qui des traits du Soleil durant l'Esté vous pare.

Un nombre de valets accompagne mes pas,
Je renferme en mon sein les plus aimables Dames;

La

La fierté que j'inspire anime leurs appas,
Quelquefois de l'amour j'ai soulagé les flâmes.

Je loge le bonheur, & mon malheur surprend,
La fortune de moi cruellement se joue ;
Car comme un criminel haut & court on me
    pend,
Pour me traîner après de mon long sur la roue.

C X V I I I.

L Es Rois sont mes sujets, les vainqueurs mes
    esclaves ;
Je force les plus forts, je dompte les plus braves;
Contre moi les efforts se trouvent superflus:
Je cause du chagrin, les pleurs & le martyre,
A ceux que ma puissance à me servir attire,
Et je fais plus de mal à ceux qui m'aiment plus.

C X I X.

S Ouvent on me ravit, mais toûjours je demeure,
    Sans passer dans les mains de celui qui me
    prend,
Je suis le plus petit, mais je suis le plus grand ;
Et l'on ne me peut voir, qu'aussitôt je ne meure.

C X X.

E N figure triangulaire,
    Je me promene par les champs ;
Et quand je caresse ma mere,
Je la gratte avecque les dents.

D

CXXI.

SAns crainte & sans effroi tout à coup j'obscur-
cis
La chose la plus claire & la moins inconnue :
Mais en l'obscurcissant, toûjours je l'éclaircis;
Et l'augmente toûjours, quand je la diminue.

CXXII.

PAr ma legereté l'on connoît ma finesse,
  Vous me voyez femelle, & mâle je nâquis ;
J'ai le peuple sous moi, l'Eglise & la Noblesse,
Et porte quelquefois des ornemens exquis :
Je touche également les Amans & les Dames,
J'accompagne en tous lieux leurs plus secretes
  flames ;
Et souvent les moins purs aiment ma pureté,
Je résiste à Thétis, mais helas ! son contraire
Peut d'un traître baiser tout à coup me défaire,
Et détruisant mes fils détruire ma beauté.

CXXIII.

MOn corps sec & menu, sans yeux & sans
  oreilles,
A des pieds qui jamais ne me sçurent porter ;
Bien que j'ignore tout, on me vient consulter,
Lorsqu'on veut commencer les plus hautes mer-
  veilles.
Une main me suffit pour aller haut & bas,
Si je monte ou descends, l'on observe mes pas.
Je suis utile en paix , je suis utile en guerre,
L'on connoît mon pouvoir dans le Palais des Rois;

Dans les Temples des Dieux & par toute la terre,
Aux plus fortes Cités je fais suivre mes loix.

CXXIV.

J'Ai grand nombre de sœurs, & je n'ai point de
    frere,
Mais des sœurs qui n'ont pas toûjours mêmes pa-
    rens ;
Car comme nous naiſſons en des lieux differens,
De même changeons nous ou de pere ou de mere.

Mes membres ſont couvers d'un long poil in-
    viſible,
Et d'écailles de feu mon corps eſt tout ſemé :
Mais bien qu'il ſoit velu, que le ſort l'ait armé,
Tu ne le trouveras ni peſant ni terrible.

Je perds avec l'Eſté la force & le courage,
On m'accuſe de mordre, & je n'ai point de dents ;
Qui m'entretient me perd, quand les reſtes ardens
D'un trait envenimé font découvrir ma rage.

Mes pieds ſervent fort peu pour me rendre mo-
    bile,
Avec tout leur ſecours à peine fais-je un pas ;
Mais pour me garantir d'un funeſte trépas,
J'ai bien d'autres reſſorts qui me rendent agile.

Je me fais bien ſentir ſans aimer à paroître,
Je parcours quelquefois des lieux délicieux ;
Devine qui pourra ; mais ſçache que deux yeux
Souvent ne peuvent pas ſuffire à me connoître.

C X X V

JE fuis un Antidote, & je fuis un poifon,
J'avance le trépas & prolonge la vie ;
Je réveille les fens, & j'endors la raifon,
Et je feme la guerre où la paix me convie.

Je fuis plein de franchife, & plein de trahifon,
Et des pleurs & des ris ma puiffance eft fuivie ;
Je méprife celui qui me tient en prifon,
J'excite la pitié, je fais naître l'envie.

Je brouille les amis, & je les entretiens,
J'accrois les revenus, & diffipe les biens,
Je marque en ma couleur & la neige & la flâme.

J'augmente le courage & la temerité,
Je meurs dedans le corps où je conferve l'ame,
Et les plus diffolus aiment ma pureté.

C X X V I.

JE fuis eau fans eftre liquide,
Je fuis une pouffiere humide
Qui fe forme chez Jupiter.
Ma froideur échauffe la terre ;
Et quand je te viens vifiter,
Elle ne craint point le tonnerre.

C X X V I I.

JE quitte ma blancheur, & prends le teint d'un
    More
Par l'ardeur qui mon fein cruellement dévore ;

On me cherche fur tout dans l'afreufe faifon,
Je ne poffede rien qu'une terre infertile :
Mais on verroit toûjours fans ma faveur utile,
Tous les hommes pleurer en leur trifte maifon.

CXXVIII.

MA charge eft de grand poids, quoique je fois
    legere,
Je fais part des tréfors de la terre & des Cieux ;
J'évente les fecrets des hommes & des Dieux,
Et du faux & du vray je fuis la meffagere.

J'ouvre à cent beaux efprits une vafte carriere,
Qui chatouille l'orgueil de leurs cœurs ambi-
    tieux,
J'ai le mouvement prompt, le vol audacieux ;
Par mon art je fçais plaire ou vraye ou menfon-
    gere.

On peut même louer la beauté de mon corps,
Je l'ai net & poli dedans comme dehors,
Je l'ai de la couleur & du luftre d'yvoire.

La beauté d'un oifeau de la mienne dépend,
Mais j'ai le bec tranchant & la falive noire ;
Je jette quelquefois le venin d'un ferpent.

CXXIX.

JE fuis un bien auteur de plufieurs grands maux ;
   Si j'aveugle, pourquoi fe plaît-on à ma vûe ?
Ne me confervez point avec tant de travaux ;
Puifqu'avant vôtre mort la vieilleffe me tue.

Malgré mes vains efforts fa haine me pourfuit,
D iij

J'ai la blancheur des lis, & l'incarnat des roſes,
On diroit que ces fleurs ſont fraîchement éclo-
    ſes ;
J'aime à paroître au jour, & l'on m'aime la nuit.

A mon aſpect charmant l'éloquence eſt muette,
Souvent l'on me poſſede, encor qu'on ne m'ait
    pas ;
Les traits les plus vivans du Peintre & du Poëte,
Ne ſont bien animés que par mes doux appas.

C X X X.

JE nais d'une mere étrangere,
    Qui me met au jour ſans douleur ;
Bien que de pluſieurs coups mon pere
D'un poignard lui perce le cœur,

    Mon corps compoſé de ſes larmes,
Devroit-il eſtre précieux ?
L'homme prétend que j'ai des charmes
Qui peuvent appaiſer les Dieux.

    Triſte & malheureuſe victime,
Sans avoir commis aucun crime
L'on me conſume à petit feu.

    Je fais les honneurs d'une fête,
En mourant je monte à la tête ;
C'eſt ainſi que je dis adieu.

C X X X I.

JE touche de plus près la plus cruelle Dame,
    Qui me découvre à nud ſes plus rares beautés ;
Elle approuve toûjours ces grandes privautés,

Et j'ose l'embrasser sans craindre qu'on m'en
blâme.

Avec un zele égal je sers l'homme & la femme,
Et le jour & la nuit je suis à leurs côtez :
Mais ils me font souffrir d'étranges cruautés,
Pendant que dans mes bras ils éteignent leur flâme.

Le destin ne veut pas qu'on se passe de moi,
Je loge étroitement même le plus grand Roi ;
Je cele les faveurs qu'une maîtresse accorde.

On me trempe, on me bat, on me tord, on
me pend,
On me frotte, on me laisse en l'air sur une corde,
Dans un pressant besoin mon possesseur me vend.

CXXXII.

NOus portons en tous lieux la joye & la tris-
tesse,
Les taches au dedans, la blancheur au dehors ;
Et quand nôtre service a fait souiller nos corps,
Ou l'on nous jette au feu, ou l'on nous met en
piece.

Nous fréquentons la Cour, nous servons au
vulgaire ;
On nous bat nuit & jour, même en toutes saisons ;
On nous voit renverser les meilleures maisons :
Mais tout nôtre pouvoir souvent ne dure guere.

Nous avons divers Rois dont l'air est pitoïa-
ble,
Les gens les plus hupés recherchent leur faveur ;
Vous voyez que l'un d'eux montre qu'il a du
cœur ;

Que l'autre sçait jouer d'une arme épouvantable.

Celui-ci par des croix prétend se distinguer ;
Celui-là nous étale la brique en son enseigne :
Mais de quelques couleurs que chacun les dépei-
   gne ,
Pour les craindre ou cherir il faut extravaguer.

Sans cœur & sans esprit ils agitent vôtre ame,
Souvent ils font regner le dépit qui l'enflâme ;
Ils brillent dans le monde avecque leurs valets ,
Leurs habits sont-ils vieux ? ils hantent les laquais.

CXXXIII.

JE suis à toute heure en danger ,
Et chacun songe à m'outrager ,
Contre toutes les loix de nature ;
Avez-vous jamais entendu
Que l'on condamne à la torture
Celui que l'on a vû pendu.

CXXXIV.

J'Ai des peres souvent de contraire nature ,
Je puis trouver vie au beau milieu des
   feux ;
Je la puis rencontrer aussi dans la froidure,
Ou d'un acier tranchant , ou d'un rocher affreux.

La mort finit mon sort d'une vitesse extrême,
Car un même moment me voit naitre & perir ;
Si je brille en naissant , ma mort brille de même,
L'air est ma sepulture , adieu je vais mourir.

CXXXV.

Chacun parle de moi sans sçavoir qui je suis;
Et mon frere que je détruits,
Couronné de pavots, regne toutes les nuits.

Tel me croit bien loin que je touche,
Aux Rois comme aux Bergers je puis fermer la
bouche,
D'un beau corps faisant une fouche.

Mon pere est ce tyran des saisons & des ans,
Qui devore tous ses enfans,
Et qui fait subsister mon Empire en tout tems.

J'aime comme lui le carnage,
Et pour vous le montrer je voudrois faire ou-
trage
A celui qui fit cet ouvrage.

CXXXVI.

Je meurs au même instant que je commence à
naître;
Je vis toûjours coupable, & ma mort seulement
Me peut justifier du mauvais sentiment
Que j'ai donné de moi dès le point de mon être.

J'offense quand je parle, & quand on me fait
taire;
Je suis plus dangereux quand je deviens plus
doux:
Je nais avec éclat au sentiment de tous,
Cependant ma naissance est honteuse à mon pere.

Avecque les petits je gronde & parle en maître,
Mais avecque les grands je suis plein de respect ;
Plus je me veux cacher , plus je deviens suspect,
Et souvent sans parler je me fais bien connoître.

Quand pour estre inconnu , soudain je me dé-
   guise ,
Le plus hardi me craint & n'ose m'approcher ;
Mais on me fuit à tort , je suis mauvais Archer ;
Car on voit que jamais je ne frappe où je vise.

CXXXVII.

Sans haine & sans amour j'oblige & desoblige ,
  Je parle aux naturels , je parle aux étrangers ;
Equitable censeur leurs défauts je corrige,
Et ne flatte non plus les Rois que les Bergers.

J'insulte un homme laid sans le mettre en co-
   lere ,
Je me détruis moi-même en me multipliant ,
Je montre au serieux une face severe ,
Et rends à qui me rit un visage riant.

Je ne sçaurois parler, & pourtant je conseille ;
Je reçois toute chose, & je ne garde rien ;
On peut m'injurier, car je n'ai point d'oreille ;
Et prends d'un front égal, & le mal & le bien.

Je rejette aussitôt tout ce qu'on me presente ,
Ma beauté se ternit par les moindres vapeurs ;
Jamais Cameleon n'eut l'humeur si changeante,
Car en un seul moment je prends mille couleurs.

Ce que je n'eus jamais à chacun je le montre ,
On croit voir un objet, & ce n'est que du vent ;
Ceux qui sont imparfais évitent ma rencontre ,

Et ceux qui s'aiment bien me visitent souvent.

Mieux qu'un Peintre excellent je forme une
    peinture ,
En un moment je fais grand nombre de tableaux,
Qui seuls ont le pouvoir d'égaler la nature,
Sans l'ayde des crayons , des couleurs , des pin-
    ceaux.

On m'aime & l'on me craint en tous les lieux du
    monde ,
Aux plus superbes cœurs je sçais donner la loi ;
Ils suivent mes conseils ; & la moitié du monde ,
Pour l'autre assujettir, ne se sert que de moi.

Je suis fragile & fort , je survis à mon maître ;
Ma beauté quelquefois ne dure qu'un seul jour ;
Objet rare & charmant qui me faites la cour ,
A tous ces traits divers vous devez me connoître.

C X X X VIII.

MA beauté que tu vois mérite des autels ,
    Un seul trait de mes yeux imite le Ton-
    nerre ,
Je puis avoir un rang parmi les immortels,
Et tout ce qui me forme est venu de la terre.

J'ai l'œil toûjours ouvert , & je ne puis rien
    voir ;
Je sçais que ma beauté mérite d'être aimée :
Je donne de l'amour, & n'en puis recevoir ,
Quoique facilement je puisse estre enflamée.

Nul Amant toutefois ne m'a donné son cœur ,
Mais tous estiment fort les traits de mon visage ;
Quoique je ne sois pas plus laide que ma sœur ,

Je sçais qu'on l'aimeroit mille fois davantage.

Mais je parois aussi ce que je ne suis pas,
On me vend, on me prête, on me donne, on
   me vole ;
Et quoique ma bouche ait d'agréables appas,
Elle ne peut former une seule parole.

Je ne sçaurois garder, ni recevoir de foi,
Je suis sourde aux regrets d'un Amant qui soupire :
Et s'il devient si fou d'estre amoureux de moi,
Qu'il ne m'écrive point, car je ne sçais pas lire.

Quoique je sois superbe & brillante en habits,
On estime bien plus les dons de la nature ?
Brillante en diamants, en perles & rubis,
Je puis à peu de frais avoir cette parure.

Sans que je perde rien de ma pudicité,
Je vais effrontement aux lieux où l'on me mande ;
Celui qui peut former l'excès de ma beauté,
Peut former aussitôt la laideur la plus grande.

CXXXIX.

Tandis que deux voisins sans se joindre vé-
   quirent,
Tous deux également des cœurs furent aimés ;
Tous deux enflés d'orgueil & de grace animés,
Partagerent entre eux tout l'honneur qu'ils ac-
   quirent.

Tous deux avoient quinze ans à l'heure qu'ils
   naquirent,
Sur un moule tous deux sembloient estre formés,
L'un l'autre ils se fuyoient de dépit enflâmés,
L'un à l'autre enviant les conquestes qu'us tirent.

Bien qu'un Prince pâssât, ils ne s'ébranloient
    point :
Mais enfin leur orgueil s'enfla jusqu'à ce point,
Que leur triste union commença de paroître.

Ils se baiserent tant qu'ils enfirent pitié,
L'amour se nourrissoit de leur inimitié,
Et de leur union le mépris vint à naître.

C X L.

Dans un endroit plus noir que n'est la noirceur
    même,
Où se répand par tout la lumiere du jour ;
Mes tristes sœurs & moi par un malheur extrême,
Souffrons tous les efforts d'un violent amour.

Là chacun à son gré nous voit & nous caresse ,
Nous jette, nous reprend, nous chasse, nous
    poursuit ,
Et de même que nous se tourmente sans cesse ,
Jusqu'à ce que le jour ait fait place à la nuit.

Là chacun animé d'ardeur & de courage,
Méprisant la beauté qui nous faisoit cherir ,
Nous souille , nous noircit, nous force , nous ou-
    trage ;
Et nous coupe souvent pour nous faire mourir.

A ces cruels tourmens un autre leur succede ,
On nous jette par force en des cachots obscurs ;
Ou bien nôtre bourreau que le démon possede,
Pour nous fixer dans l'air nous fait franchir les
    murs.

Mais pendant nôtre course au spectateur novice,
Nous rendons quelquefois un fort mauvais office ;

Captives nous rentrons dans nôtre liberté,
Un habit blanc tout neuf nous rend nôtre beauté.

CXLI.

L'Eau, la terre, le vent, une foible chaleur,
Concourent tous ensemble à me donner au
    monde ;
Et sitôt que je suis, ma vertu sans seconde
Répand de tous côtez une agréable odeur.

Je reveille le goût, je plais par ma blancheur ;
Le Roi me fait garder sur la terre & sur l'onde,
Par moi dans son état son opulence abonde,
Et j'aide à maintenir son luxe & sa grandeur.

Pour donner l'appetit je suis fort necessaire,
On dérive de moi le terme de SALAIRE ;
Deux ou trois fois le jour on me presente au
    Roi.

Je ne puis endurer l'eau, ni la pourriture,
Sitôt qu'on est au monde, on a besoin de moi ;
Et je suis répandu dans toute la nature.

CXLII.

JE suis en même tems en plus d'une contrée,
Toutes les nations me font un même accueil ;
Par force en leurs maisons je trouve mon entrée,
Le jeune qui me suit annonce le cercueil.

Quoique je sois fort triste on me voit à la Cour,
Des meilleurs courtisans je suis fort mal reçûë ;
On ne trouva jamais mon entretien trop court,
Et l'on veut me chasser dès la premiere vûë.

Mon pouvoir est fort grand, & je suis fort
    hardie ,
Et par tout où je suis l'on ressent mes effets ;
J'ôte la force aux Rois, quand il m'en prend
    envie ,
Je bannis le plaisir de leurs cœurs satisfaits.

Au milieu de la Cour & parmi les grandeurs ,
Les Rois sont mes valets, lorsque je les visite ;
On les connoît bientôt pour estre de ma suite ,
Mais avecque regret ils portent mes couleurs.

Mon Fourrier va devant pour marquer ma de-
    meure ,
Et celui qu'il choisit afin de me loger ,
Tremble avecque raison ; car il peut bien songer
Qu'usant de ma rigueur, bientôt il faut qu'il
    meure.

Je suis crainte par tout des grands & des petits,
Je séjourne toûjours avec qui plus me donne ;
Et les feux de l'amour par moi sont amortis ,
Pour finir mon portrait, je ne suis jamais bonne.

CLXIII.

JE renferme des corps d'une aimable figure ,
  Et fais voir ici-bas des nouvelles Iris ,
Qui ternissent l'éclat du plus vif Coloris ,
Qui fut jamais formé des mains de la peinture.

On me métamorphose en frêles diamants ,
Tantôt une autre forme anime ma matiere ;
Toûjours mon corps fragile est rempli de lumiere,
Je surprens les esprits par tous mes mouvemens.

J'ai pour mes ennemis & la terre & le feu ,
Parmi les élemens l'air tout seul me supporte ;
L'eau compose mon corps : mais je suis si peu
    forte,
Qu'il n'est pas surprenant que je dure si peu.

Quelquefois dans les airs je veux prendre l'es-
   sor ,
Mais je ne puis souffrir que quelqu'un me manie ;
Et bien qu'un doux Zéphir m'ait inspiré la vie ,
Un Zéphir bien souvent me vient donner la mort.

CXLIV.

J'Habite dans les bois, j'y réponds à la bête,
  Et les vieilles maisons sont mes plus beaux Pa-
   lais ;
Je traite également l'esprit fin, le niais ,
Une syllable seule est ma réponse honneste.

Je plais aux grands Seigneurs, je plais aux Ar-
   tisans ;
Ceux qui sont amoureux sont mes vrais courti-
   sans ,
L'on me trouve plûtôt aux champs que dans la
   ville.

Mon logis bien souvent fait redoubler mes cris,
Et je parle en tous lieux la langue du païs ;
Voilà le vrai portrait d'une chose assez vile.

CXLV.

UN bon vieux pere à douze enfans,
Ces douze en ont plus de trois cens ;
Ces trois cens en ont plus de mille,
Ceux ci sont blancs, ceux-là sont noirs ;
Et par de mutuels devoirs
Un repos éternel dure en cette famille.

CXLVI.

TAntôt beau, tantôt laid, je plais, & je fais
     peur,
Je ne suis rien du tout, & je suis toutes choses,
Bien souvent véritable, & bien souvent trom-
   peur,
Je suis toûjours sujet à des métamorphoses.

J'évanouis sans mal, & je parle sans voix,
Je vais chez les Bergers, je visite les Rois,
Et je donne aux Amans d'heureuses avantures.

Sçavant Magicien j'instruis les curieux,
J'emprunte en un moment cent sortes de figures :
Mais on ne me peut voir qu'on ne ferme les yeux.

CXLVII.

JE passe pour Monarque au milieu de la Cour,
Toûjours un menu peuple autour de moi
   criaille ;

Mes fujets font de plume & mon trône eft de
    paille ,
Et je fuis toutefois le Prophete du jour.

CXLVIII.

JE fuis la corde au col étendu fur la roue,
   Comme un autre Ixion je tourne inceffament :
A me faire marcher lorfqu'un homme fe joue,
Je fais courir la pofte à qui va doucement.

   J'apprens aux plus grands Rois que leur gloire
    fe paffe ;
Et tandis qu'on me tient en prifon fans pitié ,
Je fais bien du chemin , mais en fi peu d'efpace,
Que l'aîle d'une mouche en couvre la moitié.

CXLIX.

MOn pere dans la guerre & parmi les allarmes
   Me tenoit autrefois pour fes meilleures armes :
Mais j'ai changé de maître & de condition ,
Et je hais le mélange & la confufion ,
J'ai des dents dont jamais je ne mors ni ne bleffe ;
J'ai mon frere , dit-on , qui de force ou de gré ,
Sur le chef des mortels fuperbement fe dreffe ,
Je ne l'ai pas encor fous ma dent rencontré.

CL.

NOus fommes deux fois douze fœurs ,
   Toutes de femblables humeurs ,
Mais differentes de vifage.

Nous compofons en Profes, en Vers ;
Dans tous les lieux de l'Univers,
On entend bien nôtre langage.

Nous rendons en un même tems
Mille amoureux contens ;
Par nous s'explique leur martyre.

Nous parlons plufieurs à la fois,
Sans emprunter l'organe de la voix,
Nous exprimons ce que nous voulons dire.

C L I.

L A plus vaillante créature
Qui foit dans toute la nature,
A peur lorfqu'elle entend ma voix.

Ma barbe a la couleur des flâmes ;
Et je fuis fans crainte des loix,
Toûjours mary de plufieurs femmes.

C L I I.

J 'Ai toûjours vécu dans les bois
Sans avoir parole ni voix,
Et pourtant je dis des merveilles.

La Parque m'a rendu fçavant,
J'étois muet eftant vivant,
Et mort je ravis les oreilles.

CLIII.

ENcor que j'aye un petit corps,
Il ne faut pas qu'on y regarde ;
Car fans faire beaucoup d'effort
Pourvû que mon maître me garde,
Je garde bien tous fes tréfors.

CLIV.

JE ne repofe point quand tout le monde dort,
Mon agitation eft fenfible & palpable;
Et des forces du cœur meffager véritable,
J'en fais aux Medecins un fidele rapport.

Lorfque je fuis trop foible, où que je fuis trop
fort,
La nature en reçoit une peine femblable ;
De mes déreglemens l'iffue eft redoutable,
Et fans eftre cruel je bats jufqu'à la mort.

Je reçois de la fiévre une force nuifible,
Et bien que dans tout fens je fois un infenfible,
Je me laiffe émouvoir aux paffions d'autrui.

J'abandonne le corps de qui l'ame eft ravie,
Et marque le moment des heures de la vie,
Vivant avec le cœur & mourant avec lui.

C L V.

AVec un mouvement, juste, prompt, &
dispos,
Je m'écoule sans bruit, & je tombe du faîte,
J'obéis à mon maître, & vais selon sa tête ;
Et dans ma fonction je n'ai point de repos.

Ceux qui vendent leurs tems me trouvent à pro-
pos,
Afin de les servir je me tiens toûjours prête ;
Au plus petit obstacle aussitôt je m'arrête,
Je sers aux studieux , & je sers aux devots.

Si je ne suis debout je ne fais rien qui vaille ,
Pourtant l'on me renverse afin que je travaille :
Mais je ne franchis point certain nombre d'ins-
tans.

Je dure en distillant ma poussiere féconde ,
Et pour tous mes tréfors je ne possede au monde
Qu'une maison de verre où je passe le tems.

C L V I.

EFfet inanimé d'une cause vivante,
Je ramene les morts à la clarté du jour ;
Et de tant de Heros l'ingénieux retour
Emprunte de mon art une gloire éclatante.

Je suis le favori de la troupe sçavante,
J'explique les effets du sort & de l'amour ,

Par moi plus de mille ans font l'efpace d'un jour,
Celui qui m'a produit ou fe cache ou fe vante.

Je parle à l'Univers fans proferer un mot,
J'amufe le fçavant, & j'amufe le fot ;
Ma folide beauté vient de ma doctrine.

L'ignorance me fuit tâchant de me blâmer,
Je porte bien fouvent une trompeufe mine,
Et l'on doit me connoître avant que de m'aimer.

CLVII.

JE fuis un abregé des merveilles du monde,
   Ou bien je fuis plûtôt moi-même un monde
     entier ;
En moi chacun pratique un different métier,
On y rit, on y pleure, on y chante, on y gronde.

De meurtres je regorge & de crimes j'abonde,
J'ai l'art de divertir qui craint de s'ennuyer ;
Celui qui me connoit fe plait à publier,
Que ma rare beauté n'eut jamais de feconde.

Une Nymphe qui court fans jamais fe laffer,
M'apportant l'abondance aime à me traverfer ;
Que de charmes en moi fans ceffe l'on découvre !

Paradis de plaifir, & Temple de l'Amour,
Bien que je fois fort vieux je crois de jour en jour,
Et j'ai fans être Roi mon Palais & mon Louvre.

CLVIII.

JE suis fille des Dieux, & je fais par mes charmes
Les délices du peuple & les plaisirs du Roi ;
J'ai l'art de faire rire & d'exciter des larmes,
Et j'ai cent mille enfans qui ne sont pas de moi.

CLIX.

D'Ans une prison claire & noire
Je me promene incessament ;
Ceux qui n'aiment que mon tourment,
Cherchent plus le plaisir, qu'ils ne cherchent la
gloire :
Je suis faite à force de coups,
Et durant que je vis, mon sort n'est pas plus doux.

CLX.

NOus sommes aux mortels d'un excellent
usage,
Nous sommes bien des sœurs & toutes de même
âge ;
Comme à vous nous servions à vos predecesseurs,
Nous ne produisons rien, si l'on ne nous assemble;
Et la gloire immortelle anime nos labeurs,
Mais pas une de nous à l'autre ne ressemble.

Nous ne demandons point qu'on garde un ordre
exprès ,
Qu'on choisisse l'endroit où nous sommes placées;

Tantôt l'une est devant, tantôt elle est après,
Et chacun nous arrange au gré de ses pensées.

Nous souffrons tous les jours pour nous rendre
   commodes,
Que plusieurs nations nous forment à leurs mo-
   des :
On nous voit tout d'un coup en mille endroits di-
   vers ;
Et par un autre effet aussi rare à connoître,
Depuis deux cens Soleils nous voyons l'Univers,
L'on peut à tout moment nous y faire encore naî-
   tre.

Nous avons en dépost les plus anciens oracles,
Nos plus communs effets égalent les miracles ;
Nous donnons aux muets les moiens de parler,
Et de faire éclater leur science profonde,
Sans qu'aux pays lointains il soit besoin d'aller,
On y peut par nôtre art parler à tout le monde.

Sans langue bien souvent nous disons des mer-
   veilles,
Aussi pour nous entendre il ne faut point d'oreil-
   les ;
On nous fait éprouver un soudain changement,
Le fer, le feu, le sang, l'or, l'argent, la peinture,
Peuvent nous faire éclorre assez diversement,
Sur une couche molle, ou bien sur une dure.

Divines quelquefois, & quelquefois profanes,
Nous servons aux Venus, nous parlons pour les
   Dianes ;
Nous exprimons l'amour, la haine, le mépris,
Nous raconrons des cœurs l'étrange sympathie ;
Nous rendons immortels Messieurs les beaux es-
   prits,
Contre eux nous soulevons souvent l'antipathie.

CLXI.

CLXI.

JE suis d'une forme bizarre,
Petite, & sans appas ;
Je donne ce que je n'ai pas
A celle que je pare.

CXLII.

JE suis produit des fleurs d'un funeste feuillage,
Qui sert à l'ornement des tombeaux des mortels.
Je consume mes jours dedans mon propre ouvrage,
Que le devot consacre à parer les Autels.
Mon travail est cheri des plus ambitieuses,
Je change de nature en trois diverses fois ;
Et comme ma naissance est des plus glorieuses,
Mon sepulcre est plus beau que n'est celui des
Rois.

CLXIII.

DEpuis que je suis née on m'a vû sans repos,
Toujours renouveller ma course vagabonde ;
Et celui qui me fit en prononçant deux mots,
M'obligea de courir jusqu'à la fin du monde.

CLXIV.

DAns un riche tombeau je reçois la naissance ;
Mon bonheur doit venir d'un sort capricieux :
Un coup fatal me rend à la clarté des Cieux ;
Ma mere par sa mort fait naître ma puissance.

E

Quand le Ciel me produit d'une douce influence,
Je rencontre auſſitôt mille objets odieux ;
L'orage qui toujours ſe préſente à mes yeux ,
M'ôte d'un ſort heureux la flatteuſe eſperance.

Ma beauté me ſoûſtrait à de ſi dures loix ,
Et changeant mon cachot dans le palais des Rois,
Au-deſſus de leur tête y va choiſir ma place.

La Déeſſe Venus m'appelle dans ſa Cour,
Je préſide en des lieux où préſide l'Amour ;
Et quelques beaux qu'ils ſoient , j'y donne de la
　　grace.

C L X V.

JE ne dois qu'au larcin le bonheur de mon être ,
　Et j'empêche pourtant qu'on n'en commette
　　aucun :
Le jour me fait mourir , & la nuit me fait naître;
Je mets les corps en vue, & je n'en vois pas un.

Je donne ſans rien perdre , & reçois ſans rien
　　prendre ;
Je n'aime point le jour , quoiqu'il ſorte de moi ;
Les lieux les plus ſacrez ſont gardiens de ma
　　cendre ;
Je pare les Autels , c'eſt mon brillant emploi.

Je pille à l'Orient une de ſes richeſſes ,
Qui ſert d'ame à mon corps & de bois à mes feux ;
On m'appelle aux plaiſirs des plus grandes Prin-
　　ceſſes ,
Et jamais qu'une fois je n'aſſiſte à leurs jeux.

J'accompagne les vifs & ſur mer & ſur terre ;
Et je conduis les morts aux portes des enfers ;

Je sers durant la paix , je sers durant la guerre :
Mais le tems de mon regne est celui des Hyvers.

Je mesure le tems , & c'est lui qui me tue ;
Et je suis des grandeurs le symbole éclatant ;
Après quelques momens ma vigueur abbatue
Sert d'emblême aux mortels & de jouet au vent.

Enfin je sers mon maître avec un zele extrême,
Sans en avoir pourtant aucune ombre de bien
Je perds en le servant & mon temps & moi-
    même ,
Et demeure invisible , une fumée , un rien.

C L X V I.

N Otre grand nombre occupe une petite place ,
  Nous remplissons les lieux dont on fait plus
    de cas ,
Nous sommes agitez , sans être jamais las ;
Nous croissons , & mourant ne laissons point de
    race.

Trois sortes de couleurs nous donnent de la
    grace :
La blancheur met au jour ce qu'on ne voudroit
    pas.
Etre tors & courbez font nos plus grands appas ,
Et le piege charmant qui tant de cœurs enlace.

Nous naissons sans honneur , néanmoins les
    mortels
Nous consacrent chez eux de somptueux autels ,
Préferant nos faveurs à l'or d'un diadême.

Mais quoique notre maître enferme notre sort ,
Néanmoins bien souvent par un bonheur extrême
Il meurt , & nous vivons longtemps après sa mort.

CLXVII.

CElui qui me produit me fait toujours la guerre,
Il me pourfuit fur mer, il me pourfuit fur terre;
Il ne me donne point un moment de repos.
Plus il me voit de près , plus il me diminue :
J'amufe les enfans, je fais peur aux chevaux ;
Et par moi la peinture eft au monde connue.

CLXVIII.

QUand je marche au labeur, mes dents me font
     paffage,
Et toujours en mordant je me laiffe agiter :
Mais mon corps maigre & plat rend un bon témoi-
    gnage,
Que tout ce que je prens ne me peut profiter.

CLXIX.

L'On ne connoît en moi fin, ni commencement;
  Neuf diffemblables Sœurs m'accompagnent
     & m'aident :
Tout feul je ne vaux rien , mais quand elles
    précedent ,
On peut me faire alors valoir infiniment.

CLXX.

JE fuis un corps fans ame, & j'ai du mouve-
    ment :
Je m'arrête auffitôt qu'un indifcret me touche ;
Je fçais marcher fans pieds, je fçais parler fans
    bouche ,

Et sans sortir d'un lieu je cours incessamment.
Ce que je ne sçai pas je puis même l'apprendre,
Et lorsque je me tais je sçai me faire entendre.
Je parle avecque regle, & je suis sans raison
Un severe tyran me tient dans sa puissance :
Et bien que le Soleil m'ait donné la naissance,
    J'habite une sombre prison.

CLXXI.

JE quitte mes parens afin de les revoir ;
  Un plus subtil me porte, un plus puissant m'at-
    tire,
Et quand je parois noire, un chacun se retire.
Invisible de près, de loin on me peut voir :
Une frêle beauté dessus moi l'on voit naître,
Qui précede les pleurs que je verse souvent.
Tantôt je disparois, tantôt je semble croître,
Et ma forme en un mot ne dépend que du vent.

CLXXII.

LA Noblesse est le sort du pere qui m'engen-
  dre,
Ma mere en me formant n'est pleine que de vent :
La rigueur du destin me détruit bien souvent :
Mais comme le phœnix je renais de ma cendre,
Je possede à la fois foiblesse & fermeté :
Pour me faire observer la regle & l'équité,
La nature fournit son plus brillant ouvrage.
Je ne veux point que l'ombre accompagne mes pas :
Je sers de porte au jour & d'obstacle à l'orage,
Et les plus beaux palais sans moi n'ont point d'ap-
  pas.

L iij

CLXXIII.

JE viens sans qu'on y pense,
Je meurs en ma naissance ;
Et celui qui me suit ,
Ne vient jamais sans bruit.

CLXXIV.

QUelques traits dont se vante un visage char-
    mant ,
Sans moi l'on trouve à dire aux beautez d'une
    Dame :
Quand je me montre un peu, je consume un amant;
Et si je parois trop, l'autorité me blâme.

    Lorsqu'un doigt amoureux me presse douce-
    ment,
Je sens un prompt desir qui se glisse en mon ame ;
Et nouveau Montgibel j'exhale en un moment ,
A travers de la neige, un esprit tout de flâme.

    Pour aider la nature en son noble travail ,
Dans un petit palais d'yvoire & de corail ,
J'exprime mon fardeau par un bouton de rose.

    Au moindre coup je souffre une extrême dou-
    leur,
Et je suis bien souvent tout rempli d'une chose ,
De qui je ne voudrois porter que la couleur.

CLXXV.

NOus sommes pour le moins cinquante & da-
    vantage,

Réduites par le fort dans la captivité :
Mais un filet rompu nous met en liberté ,
Qui se change pourtant dans un autre esclavage.

Comme nous épousons la fortune volage ,
Nous faisons éprouver notre inégalité :
Et quoique nous n'ayons malice , ni bonté ,
Nous causons tour à tour du profit , du dom-
mage.

Notre regne s'étend en mille & mille endroits ,
Nous avons parmi nous des Reines & des Rois ,
Qui souvent sur le fort exercent leur empire.

Mais Dieux ! nous essayons un destin violent ,
Nous tombons quelquefois aux mains d'un inso-
lent ,
Qui nous foule à ses pieds , nons brûle , ou nous
déchire.

CLXXVI.

JE suis par les mortels une idole adorée ,
Le pere qui m'engendre est bien plus beau que
moi :
Pour ma mere , elle n'a nulle beauté dans soi ,
Si de ses ornemens on ne la voit parée.

Trouve-t-on quelque fort dont je n'ouvre l'en-
trée ?
Hé qui pourroit comprendre où s'étend mon em-
ploi ?
Je fléchis la cruelle , & je lui donne un Roi :
N'ai-je pas abbattu la puissance d'Astrée ?

Le temps cruel par qui rien ne fut respecté ,
Tente en vain de ternir l'éclat de ma beauté :

Je regne également sur la terre & sur l'onde.

Je suis l'objet flatteur des plus ardens souhaits:
Mais mon âge pourtant est passé dans le monde,
Et l'on n'espere plus qu'il retourne jamais.

CLXXVII.

JE suis une maison d'un foible fondement,
   Soit que l'on s'y repose, ou que l'on s'y mor-
      fonde;
Je me vante en tout temps d'y porter tout le
   monde;
On voit regner chez moi le Dieu d'enchantement.

   Mes murs sont toujours faits d'une pierre flo-
      tante,
Que le plus petit vent fait mouvoir à son gré;
De tous mes pilotis pas un n'est enterré,
Ils sont fermes pourtant dans l'attaque galante.

   Je reçois dans mon sein le Berger & le Roi;
Il m'importe bien peu lequel d'eux soit mon maî-
   tre,
Et mon amour égal pour eux aime à paroître :
En guerre comme en paix on a besoin de moi.

   Je charme les ennuis & du corps & de l'ame,
Et toujours favorable à la douce Venus,
On me voit toujours prêt à seconder sa flâme,
A celer ou montrer ses appas inconnus.

   Je touche aux charmes nuds des Dames les plus
      belles,
Sans cesse je jouïs de cette privauté;
En baisant leur beau sein, j'ajoûte à sa beauté,
Et joins à leurs appas mille graces nouvelles.

La nuit regne chez moi, même au milieu du jour,
Et sous mon tendre toît on est en assurance :
On me pourroit nommer le trône du silence,
S'il n'étoit pas souvent diverti par l'amour.

L'Amant par mon secours fléchit son inhumaine,
Et lui fait soulager son amoureux tourment :
Témoin de leurs plaisirs je n'éprouve que peine,
Quoique je sois docile à leur commandement.

CLXXVIII.

Triste fille en tout temps d'une mere éclatante,
J'erre par l'Univers sans aucun vêtement,
En cette nudité j'ai grand nombre d'Amans,
Et pas un d'eux pourtant sur mon honneur attente.

Sans main & sans pinceau d'une adresse savante
Je peins hommes, chevaux, arbres & bâtimens :
Et je prête aux tableaux leurs plus beaux agré-
  mens :
Cependant dedans moi je n'ai rien qui contente.

Qui me fuit je le suis, & je fuis qui me suit.
Mon pere sans dessein me fait & me détruit,
Je suis par son moyen un rien & toutes choses.

Les Dames fort souvent m'implorent contre lui ;
Je défens leurs appas, & sans mon grand appui
Elles verroient ternir & leurs lys & leurs roses.

CLXXIX.

Je suis la merveille du monde.
Les plus rares beautez, les plus riches trésors,
        S'étalent dans mon vaste corps,

Où tout bien & tout mal abonde.
J'ai par toute la terre un célebre renom ,
Des petits & des grands mon sein est le refuge :
Devinez qui je suis ; l'on me donne le nom
    D'un berger, d'un Prince , & d'un Juge.

CLXXX.

MEre de mille enfans que la terre me donne ,
Pour voir ce que je porte , il faut ouvrir
    mon corps ;
La nature en naissant m'a fait une couronne ,
Et dessous mon écorce a caché mes tréfors.

CLXXXI.

JE fais beaucoup de bruit pour qui m'entend
    le moins ,
Je dois donc étourdir celui qui veut m'entendre ;
Je suis logé bien haut d'où je ne puis descendre :
Si je fais bien ou mal , ce n'est pas sans témoins.

Du Financier qui dort je réveille les soins ,
Je surprens quelquefois , on ne me peut surpren-
    dre ;
Celui qui me gouverne est forcé de me prendre ,
S'il veut que je le serve en differens besoins.

Je suis sans foi, sans ame ; il faut que l'on me
    tienne ,
Par mon col, par mes bras, quand on me fait Chré-
    tienne ,
Je n'en sçais la créance en aucune façon.

Je reçois au Baptême & Parain & Mareine,
L'un m'appelle Guillaume, & l'autre Madeleine ;
Et je ne suis pourtant ni fille, ni garçon.

CLXXXII.

JE suis petit & grand, je suis un & plusieurs,
   Heureux, & malheureux, triste, & rempli
      de joie ;
D'un monstre dévorant je suis toûjours la proie,
Je nais en un climat & vais mourir ailleurs.

   Je suis sous le pouvoir du froid & des chaleurs,
En même tems je brûle, en même tems je noie :
Tout le monde me voit sans que jamais je voie,
Ma beauté sert de lustre à toutes les couleurs.

   Apprenez que je fais l'ornement de Versailles,
On a besoin de moi pour donner des batailles,
Pour traiter de la paix, pour couronner un Roi.

   Aussi vieux que le monde, & l'air, & la lu-
      miere,
Je sortis avec eux de la masse premiere ;
Sans eux je ne suis rien, eux ne sont rien sans
   moi.

CLXXXIII.

JE suis fille d'un Monstre & suis pourtant si
      belle,
Que rien en l'Univers ne me peut surmonter ;
Et l'art ingénieux ne peut rien inventer
Qui puisse rehausser ma beauté naturelle.

Ma mere par son art me retient auprès d'elle ,
Pour m'ôter les moiens de la pouvoir quitter ,
Elle a construit un fort que Mars n'ose insulter ;
Et j'y suis en prison comme une criminelle.

De bien loin mes Amans me viennent dégager ,
Risquant en ma faveur le plus afreux danger ;
Rien ne coûte à l'amour dont leur ame est ravie.

Ils me donnent la mort avec la liberté :
Mais la mort ne sçauroit effacer ma beauté ;
Et je ne vois le jour qu'en sortant de la vie.

CLXXXIV.

QUand nous nous assemblons , l'artifice des
  hommes
Nous fait changer de nom , de sort, de qualité :
Vous nou voyez ici cinquante que nous sommes ,
Sans pouvoir découvrir nôtre subtilité.

CLXXXV.

JE suis Egyptienne , & je meurs vagabonde ,
Je suis foible & petite, & redoutable aux Rois ;
Je me plais au carnage , & sans craindre les loix
Je m'assouvis de sang sur la terre & sur l'onde.

Je passe tout mon tems à tourmenter mon pere ,
Je le baise , & le mords , & le rends furieux :
Lorsqu'il me croit tenir, je me cache à ses yeux ;
Mais à la fin sa main m'immole à sa colere.

CLXXXVI.

JE nâquis dans la terre, & je travaille en l'air,
Au seul bruit que je fais j'étonne les Provin-
ces,
Necessaire aux Soldats & necessaire aux Princes :
Mais sans l'aide d'autrui je ne sçaurois parler.

J'ai deux bouches, un corps, & je n'eus ja-
mais d'yeux,
Je suis quelquefois bonne, & quelquefois mau-
vaise,
Je ne suis propre à rien, si quelqu'un ne me baise;
Et fais souvent périr ceux qui m'aiment le mieux.

Des peuples tous entiers fléchissent sous mes
loix,
Je glace le poltron, j'échaufe le courage;
Je cause sans horreur le plus afreux carnage,
Et je le fais cesser par le son de ma voix.

Par moi le cœur pesant est vif, prompt & dis-
pos,
Je sers en même tems l'un & l'autre adversaire;
Ils apprennent de moi tout ce qu'ils doivent faire,
Et suis contraire à ceux qui cherchent le repos.

CLXXXVII.

PAr le fer traversée au beau milieu du corps,
Je suis pendue en l'air, & mes enfans se
noyent.
Deux malheureux jumeaux que les humains en-
voyent,

Pour leur propre salut aux ténebres des morts.

Dessus le col je porte une chaîne pesante,
Par où je les ramene à la clarté du jour ;
Dès que je suis pour l'un active & bienfaisante,
L'autre aussitôt se plaint de mon manque d'a-
    mour.

Fut-il jamais destin plus triste que le nôtre ?
Je n'en puis sauver un qu'étant contraire à l'autre,
Celui que j'ai sauvé revoyant la clarté,
Vomit comme un torrent l'eau dont sa panse est
    pleine.

Alors je me repose, & je reprens haleine ;
Mais l'autre cependant se perd d'autre côté :
Roulant donc sur moi-même, & sur ma vieille
    trace,
De rechef je retourne à mes premiers travaux.

Pour fruit de mon ardeur qui jamais ne se lasse,
Je ne puis recueillir qu'une chaîne de maux.
Tantale que je suis, l'onde fuit de ma bouche,
Elle vient droit à moi, mais jamais ne me tou-
    che.

CLXXXVIII.

DE la chair des mortels nos cinq bouches
    sont pleines,
Et nous en jouïssons en hyver à souhait ;
Si nous perdons un frere, alors chacun nous hait,
Nous jettant en un coin au rang des choses vai-
    nes :
Quelles nous faisons par ordre des humains
Presque tout ce qu'ils font avec leurs propres
    mains.

CLXXXIX.

EUſſes tu plus d'eſprit qu'homme de l'Univers,
Une difficulté le pourroit ſeule abbatre ;
Afin de me conſtruire, il en faut joindre quatre,
Qui ſuis-je ? me voilà, grace à ce dernier vers.

CLXC.

ON me vient conſulter pour ſçavoir les ſai-
ſons,
Et quand le Soleil entre en ſes douze maiſons,
De la Terre & du Ciel je ſçais les deſtinées ;
Et plus je ſuis nouveau, plus je marque d'années.

CLXCI.

CHarmante Fleur l'objet de mille ſoins,
Qui s'en va ſans laiſſer des traces de l'abſence ;
Qui prétend te cueillir, s'il n'eſt plein d'impudence,
Choiſit l'obſcurité, ſe dérobe aux témoins.

Après un certain tems tu deviens immortelle,
Et qui te poſſedoit ne paſſe plus pour belle ;
Qui te garde & te perd, demeure ſans honneur.
Tu nais également aux champs & dans la ville :
Mais tu vis dans les champs avec plus de bonheur ;
Et ſi l'on ne te perd, tu deviens inutile.

CLXCII.

J'Ai la tête legere , & le reste pesant ,
   Et sans tête pourtant j'irois beaucoup plus
      vîte ;
La plume qui m'arrête une guerre suscite ,
Où dans les deux partis je me trouve present.

   Je vais comme on me pousse , & toutefois je
      volle ,
Tantôt un coup m'éleve , & tantoft il m'abbat :
Mais je tombe plus bas si l'on manque au combat;
Et dans mon triste sort un seul point me console ,
Qu'en voulant sur le champ me rendre mon em-
      ploi ,
Qui veut me relever , souvent tombe après moi.

CLXCIII.

JE viens presque de rien , & bien courte est ma
      vie ,
Et l'homme & le Soleil me font également ;
De tant de changemens ma jeunesse est suivie ,
Qu'on ne me connoît plus près de mon monu-
      ment :
Petit , je n'ai souci que de ma nourriture ;
Grand , le luxe m'enferme en un riche tombeau,
D'où je reviens enfin comme en un corps nouveau:
Et jouïssant des droits d'une essence plus pure ,
J'ai des aîles alors pour m'élever aux Cieux.
Je suis plein de lumiere , & blanc ainsi qu'un Ange:
Mais à peine cet Ange a t-il ouvert les yeux ,
Que laissant de sa race , ô destin trop étrange !
Il tombe sous l'effort du trépas envieux.

CLXCIV.

MOn nom, mon triſte nom vous trouble &
    vous étonne,
De ma laideur afreuſe on eſt épouvanté ;
Je ne me nomme point , voyez ſi je ſuis bonne
De vouloir épargner votre timidité.

  Mais ſi je cache ici le nom que l'on me donne ,
Et ſi j'oſe encor moins paroître à la clarté
Qui brille dans vos yeux , & qui vous environne,
Que mon eſtre du moins vous ſoit repréſenté.

  Ma mere me produit auſſi parfaite qu'elle ,
Et me nourrit après du lait de ſa mammelle ;
Ces effets fort communs ſont merveilleux en
    nous.

  Je vole , & ſuis ſans plume, & quiconque me
    touche ,
Il éprouve à l'inſtant que j'ai des dents en bouche:
Mais je n'ái d'ennemis que le Soleil & vous.

CLXCV.

JE ſers aſſidûment ceux de qu' je ſuis maître,
  Ils ſont tous mes ſujets ſans obſerver ma loi;
C'eſt de moi ſeulement qu'ils reçoivent leur être,
Je travaille pour eux , & ne fais rien pour moi.

  Reglement chaque jour, je tue & reſſuſcite
Ce qui n'oſa jamais paroître devant moi;
Ce que je vois toûjours fuit ſi fort ma viſite ,

Qu'il semble à mon aspect estre glacé d'effroi.

J'engendre des enfans d'une inégale mere,
Qu'il faut de vive force arracher de ses flancs :
Elle est de très-bas lieu, mais la grandeur du pere
Fait qu'en terre il n'est point de si nobles enfans.

Du prix de ces enfans la mere est achetée,
Ils causent bien souvent de furieux combats :
Par tout presque leur gloire est ici-bas vantée,
Mais où je les produis on ne les connoit pas.

J'ai plusieurs beaux Palais de divine structure,
A qui l'or & l'azur font de superbes dais ;
Les plus riches trésors qu'ait produit la nature,
Je n'y séjourne point, & je n'en sors jamais.

CLXCVI.

J'Ai pour meres souvent l'injustice & l'envie,
Et malgré l'équité chacun me peut trouver ;
Je prise autant celui qui veut m'ôter la vie,
Que celui qui prend soin de me la conserver.

Telle Ville sans moi seroit presque déserte,
Quelquefois j'ai raison, & quelquefois j'ai tort ;
Tel me hait qui redoute extrémement ma perte,
Et qui m'aime souhaite à toute heure ma mort.

Je nourris les plaisirs, & maintiens la cuisine
De ceux qui sont chargés de me faire mourir :
Au contraire mon art engendre la ruïne
De celui qui m'enfante, & qu'on voit me nourrir.

Je ne vais qu'à grands frais, je fais grande dé-
  pense,

Sans boire ni manger & sans estre amoureux ;
Je dissipe aussitost la plus grande finance,
Et pour moins de dix sols j'ai des habits tout
    neufs.

Vous pouvez remarquer que jamais je ne hante
Que ceux qui par leur bien me peuvent maintenir ;
Et jamais on ne voit que les jeux je fréquente ,
Si ce n'est seulement pour les faire punir.

Bien souvent en mourant je fais vivre mon pere,
Quelquefois avec lui son trépas m'est commun :
Mais lorsque je suis mort, le plus souvent ma
    mere ,
Comme d'une Hydre en fait naître plusieurs pour
    un.

CLXCVII.

JE suis la source de l'estime,
  Je la conserve & je la perds ;
Et le plus souvent si je sers,
C'est pour la mort, c'est pour le crime.

  D'un ressentiment légitime ,
Je vange les affronts soufferts ;
Il me faut un cœur & des nerfs ,
Je n'ai rien de ce qui m'anime.

  Une étroite & longue prison
Me retient avec raison ,
Et libre je frappe la vûe.

  On m'a Vierge en mauvais odeur ;
Et quoique je sois sans pudeur ,
Je rougis quand on me voit nue.

CLXCVIII.

EN habit déguisé, fugitive, inconnue,
Je vais toûjours de nuit le voile sur les yeux :
Mais j'ai beau me cacher, mes Amans curieux
Avec un peu d'effort me verront toute nue.

Si je leur suis aimable avant d'être connüe,
Voyez de mon destin le sort capricieux :
A peine ils m'ont rendu leurs soins ingénieux,
Que je cesse de plaire exposée à leur vûe.

Il est vrai que d'abord j'irrite leurs désirs,
Sans leur causer enfin ni peines ni plaisirs,
Et l'amour s'affoiblit, quand il ne peut s'accroî-
    tre.

J'ai de bonnes raisons pour me cacher toûjours,
Et si l'obscurité fait mes seules amours ;
Il m'en coûte la vie à me faire connoître.

CLXCIX.

APrès qu'on m'a tirée hors du sein de ma mere,
On me jette au travers de mille & mille
    feux ;
Pour me donner naissance il faut que l'on m'en-
    terre,
Dont je rends quelquefois mon pere tout honteux.

Si j'ai la corde au col, ce n'est pour aucun
    crime,

Mon fils qu'à tout moment j'embrasse & je cheris,
En lutteur qui se bat dans mon ventre s'escrime ,
Et ses coups redoublés font redoubler mes cris.

Je suis ferme & fragile, & la moindre ouverture
Suffit pour m'enrouer & finir mes destins ;
Mon usage n'est long qu'autant que ma voix dure,
Transparente je sers aux hôtes des jardins.

Je ne suis bonne à rien , si je ne suis pendue,
Je suis utile aux champs , à la ville , à la Cour:
Pour me faire chanter il faut que je sois nue ,
Et sans sortir je vais la nuit comme le jour.

C C.

Onvenit ut fratrem cognoscas atque sororem ,
Rerum in naturâ qui sunt sine matre, sed & si
Ex eodem patre, non eodem sunt nomine; frater
Per campos urbesque ruens se jungit ad omnes.
Juncta soror nulli vix ambulat & de reclusa ;
Delubrum quandoque tamen mane itque reditque,
Auricula surgunt fratri , desuntque sorori.

Il est bon qu'on connoisse & le frere & la sœur,
Qui sans mere tous deux sortent d'un même pere;
Ils ont sous divers noms un même ministere ,
Le frere court les champs, la ville avec ardeur.

Mais la sœur sedentaire au ménage conspire ,
A la Messe pourtant on la voit quelquefois ;
Tous deux sont consacrés aux Princes , aux Bour-
     geois ,
Les oreilles du frere en la sœur sont à dire.

C C I.

Né d'un homme adultere, & pourtant légi-
    time,
  Fruit innocent d'un double crime ;
  Fils à la fois d'un Berger & d'un Roi,
Et conçû sous le sac, & sous le Diadême ;
Mon pere en engendra grand nombre comme moi,
    Je suis le cinquantiéme.

  Tant d'enfans ne pouvoient estre de même hu-
    meur,
Mes freres la plûpart ont un air d'allegresse ;
J'en ai six comme moi toûjours dans la tristesse,
    Et toûjours dans le deuil ;
Mais de sept on me croit le plus considerable,
Et l'on m'entend souvent gémir près du cercueil
    Crier merci pour le coupable.

  Composé de soupirs & de gémissemens ;
  En substance voilà mon être :
Mais réconcilier l'esclave avec le maître,
C'est-là l'unique objet de mes empressemens.

  Pensez-y donc, lecteur, il est dans la semaine
    Un certain jour
  Où bien des gens sentiroient moins de peine,
    Si j'estois une fois plus court.

  Dans certains Tribunaux appaisant la Justice,
Un criminel qui veut rentrer dans son devoir,
De son Superieur respectant le pouvoir,
    N'a souvent que moi pour supplice.

CCII.

JE suis dans le milieu du monde,
  J'ai quatre pieds dans un tonneau ;
Je ne suis point en terre, encore moins dans l'eau,
  Et cependant je suis dans l'onde.

  Je dis fort souvent non, & ne dis jamais ouy,
Je suis en même tems la tête d'une anguille ;
    Et la queue au serpent
  Jamais pourtant je ne fretille.
  Or devinez mon sort plaisant.

CCIII.

INconstante & legere,
  Je me fais aimer constamment ;
  Et le plus agréable Amant
  Sans moi ne sçauroit plaire.

    Fille de roturier,
Des plus nobles galans je reçois les hommages,
    Je cède aux fous, & je commande aux
    sages ;
    Je ne fais rien & suis de tout métier.

  La raison contre moi n'est jamais la plus forte,
Le Roi même a souvent reconnu mon pouvoir ;
Je décide à la Cour de tout sans rien sçavoir,
Et malgré les sçavans mon suffrage l'emporte.

  On ne sçauroit compter mes ans,

Mon extrême vieillesse
Est égale à celle du tems ;
Je plais pourtant par ma jeunesse.

CCIV.

Mon corps de bizarre figure
Etale quelquefois une riche parure ;
Et quoiqu'avec plaisir il arrête les yeux ,
Ce n'est gueres par là qu'il plaît aux curieux.

De langues j'ai grand nombre , & n'ai point de
langage ,
Je ne suis point sans ame , & suis inanimé ;
La voix s'unit à moi par un doux mariage :
Ce terrible métail dont l'homme s'est armé,
Qui coûte tant de sang, & cause tant d'allarmes,
Est l'heureux instrument qui fait sentir mes char-
mes ;
Et la plume qui sert aux oiseaux à voler ,
Ne me sert qu'à parler.

CCV.

Je suis en vogue en France , & n'y suis pas fort
rare :
Mais quand je suis commun on ne m'estime pas ;
Je suis habile , & par un sort bizarre
Je fais souvent mon plus grand embaras.

Il n'est rien que je n'ose , & ne puisse entrepren-
dre,
Quand je parois oisif, je travaille en effet ;

Et mon travail fini, je ne sçaurois comprendre
La maniere dont je l'ai fait.

Je suis de tout métier dans la paix, dans la
guerre,
Sans moi l'on ne fait rien de bon ;
Je puis facilement courir toute la terre,
Et je suis toûjours en prison.

Par tout on me recherche, on m'estime, & l'on
m'aime,
Tout le monde à l'envi me trouve plein d'atraits ;
Tenez, cherchez-moi bien, prenez un soin extrême;
Si je ne me trouve moi même,
Vous ne me trouverez jamais.

***

CCVI.

J'Ai longtems soutenu ma mere,
Qui m'a perdue en se sauvant ;
J'ai des sœurs à foison, sans avoir un seul frere,
Ni rien qui paroisse vivant.

Mes sœurs & moi nous faisons des querelles
Qu'on craint autant que des duels,
Les traits que nous lançons, s'ils ne sont pas mor-
tels,
Engendrent des haines mortelles.

Fieres comme des Amazones,
Nous nous attaquons aux Etats ;
Et sans nous ménager avecque les Couronnes,
Frondons Edits & Magistrats.

C'est nous qui remplissons, ou qui vuidons la
bourse,

F

Qui faifons revivre les morts ;
Et dont il faut fouvent fendre & fouiller les corps
Pour faire durer nôtre courfe.

CCVII.

MOn ambition m'eft fatale,
Je jouis peu d'un deftin glorieux ;
Et tout le brillant que j'étale,
N'éblouit qu'un moment les yeux.

Condamnée à perir fans eftre criminelle,
Je fçais plaire aux mortels dans mon malheureux
fort ;
Et fouvent le jour de ma mort
Eft une fête folemnelle :
D'abord affez patiemment,
Je fouffre un cruel traitement,
Dont le peuple ne fait que rire.

Mais à la fin j'éclate & me plains hautement,
Dans ce fatal moment j'expire ;
Mon trépas eft rempli d'attraits,
Souvent les efforts que je fais
En mourant me rendent féconde :
Mais je mets des enfans au monde
Qui ne me furvivent jamais.

CCVIII.

SAns efprit, fans raifon, fans grace, & fans
appas,
Irréguliere en ma figure,
Je regle tout le monde avec ordre & mefure ;

Et je fais voir en moi tout ce qu'on ne voit pas.

Malgré mon ignorance extrême,
Je borne les Etats de tous les Souverains;
De leurs égaremens je tire les humains,
Et puis sans autre stratagême,
Que quelques traits fort incertains,
Je sçais les égarer de même.

Lecteur qui me cherchez, apprenez que je puis
Donner à vos souhaits des lumieres parfaites;
Peutêtre avez - vous peine à sçavoir qui je suis,
Mais je vous dirai où vous estes.

CCIX.

DEvinez qui je suis, mon corps n'est plus du
monde ;
J'habite la moitié d'une machine ronde ;
Vivante je n'avois qu'un sentiment brutal :
Mais depuis que l'effort d'une main assassine
M'a fait donner le coup fatal,
L'on me voit renfermer la plus haute doctrine.

CCX.

J'Ai des freres en quantité;
Mais à pas un je ne ressemble:
Et j'ai si peu de vanité,
Que lorsque nous sommes ensemble,
Je leur cede la primauté.

Mon aîné vaut moins que le moindre,
Et je vaux encor moins que lui :

Mais lorſqu'à lui je veux me joindre,
Je lui ſers d'un ſi bon appui,
Que par cet heureux aſſemblage,
Il peut alors plus que celui
Qui pouvoit huit fois davantage.

Quand je me trouve ſeul, je ne ſuis bon à rien,
Mon unique déſir eſt d'eſtre en compagnie;
Et l'on me voit toûjours faire beaucoup de bien
A ceux à qui l'on m'aſſocie.

L'on dit que ma figure a des perfections,
Qui ne ſe trouvent point en aucune autre choſe;
Et que pour faire d'elle une metamorphoſe,
Bien des ſçavans ont eu de fauſſes viſions.

J'ai peur qu'en me cherchant avec un ſoin ex-
trême,
Vous n'en faſſiez de même;
Ou que m'ayant trouvé, ſi vous me cherchez
bien,
Vous ne diſiez de moi que vous ne tenez rien.

CCXI.

Avant qu'eſtre connu j'ai fait pleurer ma mere,
Pour mon premier exploit j'ai terraſſé mon
pere;
A ceux qui m'aiment trop je ſuis toûjours fatal,
Les barbares me traitent mal.

Dès le berceau je ſuis ſi redoutable,
Qu'il me faut marier pour me rendre traitable;
Ma femme & moi nous nous accordons bien,
Je ſuis mutin, elle eſt affable.
Mais dès que ſon parti l'emporte ſur le mien,
Je vous le dis tout net, je ne ſuis bon à rien.

CCXII.

L'On voit deux sœurs toûjours ensemble
Qui servent en même maison ;
Elles n'ont rien qui se ressemble ,
Si ce n'est la taille & le nom.

Quoiqu'également nécessaires,
L'une est toûjours sans se mouvoir ;
Et l'autre n'a pas peu d'affaires
Depuis le matin jusqu'au soir.

Par la franchise de l'aînée ,
Et par son abord ingenu ,
On la verroit abandonnée
A toute heure au premier venu :
Mais par les soins de la cadette
On lui prescrit de justes loix.

Celle-ci passe pour discrete ,
Quoiqu'incivile quelquefois ;
Elle est fort sujette au caprice,
Souvent elle fait des jaloux ;
Et ne rend presque point justice ,
Si ce n'est à force de coups.

CCXIII.

MOn pere m'engendra dans le séjour des morts,
Aussi je ne vis pas , quoique j'aide à la vie ;
Je suis le rare effet de ses derniers efforts ,
Et l'on ne me voit point sans joie , ou sans envie.

Cent miſerables pour m'avoir
Déchirent le ſein de ma mere ;
Et d'autres inſenſés flatés d'un faux eſpoir
Tâchent de m'engendrer d'une ſâme adultere ,
S'imaginant envain à toute heure me voir.

Je ſuis liquide & dur , je ſuis ferme & fléxible,
Je ſuis broyé , battu , l'on me donne cent coups ;
Je ſuis pourtant aimé de tous ,
Encore que je ſois à l'amour inſenſible.

Je tire de priſon l'eſclave ; & par malheur
Mon eſclave m'y tient , je le ſouffre ſans plainte ;
On m'acquiert avec peine , on me poſſede en
crainte ,
Et l'on me perd avec douleur.

CCXIV.

JE parois entre deux ſoleils ,
Et ſur le corail & l'yvoire ;
Mon élévation nuit ſouvent à ma gloire :
L'ami du genre humain rend mon teint fort ver-
meil.
On reconnoît à ma figure
Le principe de la nature ,
Et celui du temperament.

Je me nourris d'œillets , de paſtilles , de roſes,
Je me crois ſi fin , ſi ſçavant,
Que je veux que mon ſentiment
Décide bien de toutes choſes.

CCXV.

ARbitres du bonheur ainſi que du malheur ,
Nous faiſons de pluſieurs les charmantes
délices ;
Et tel qui nous cherit avec le plus d'ardeur ,
Eprouve bien ſouvent nos plus cruels caprices.

De nom comme d'habit , de ſexe different ,
Et de couleur & de viſage ;
On en voit parmi nous qui ſont du plus haut rang,
On en voit du plus bas étage.

On nous brouille facilement ,
On nous réunit aiſément ;
Et quoique ſans deſſein nous cauſions du domma-
ge ,
On ne laiſſe , cedant à des tranſports de rage ,
De nous punir injuſtement.

Hé ! pouvons-nous du ſort guérir l'aveuglement?
Nous marchons deux à deux , trois à trois , qua-
tre à quatre ;
Bien des gens avec nous ne perdent pas leur tems,
Et ceux que nous rendons contens ,
Sont aſſez ingrats pour nous battre ,
Nous faiſons de fort heureux coups.

De nôtre ſort fatal admirez l'injuſtice ,
Quand nous avons rendu ſervice ,
Perſonne ne veut plus de nous.

F iiij

CCXVI.

JE naîs pour la prison, & pour la liberté,
Utile à tout le monde, & fatal à moi-même ;
J'enrichis les humains dans ma captivité :
Mon precieux travail fait mon malheur extrême.

Avant que je sois né, mon pere est au tombeau,
Le trépas m'a ravi la mere qui m'engendre ;
Nés sans aîles tous deux ils meurent en oyseau,
Le mystere en paroît difficile à comprendre.

Ainsi qu'un vil esclave on me voit dans les chaî-
    nes,
Travailler vivement pour le faste & l'éclat ;
Y chercher le trépas pour le fruit de mes peines,
Et tout gueux que je suis enrichir un Etat.

Si vous en exceptez le peuple du Permesse,
Malgré ma nudité j'habille les mortels,
J'embellis les Palais, je pare les Autels ;
Et l'art s'efforce envain d'imiter mon adresse.

CCXVII.

JE suis de toutes les Provinces,
Chaque Laboureur en tout tems,
Hyver, Automne, Esté, Printems,
Me seme dans des terres minces.
Mon champ qui n'est point raboteux
Est blanc, & ma semence est noire;
On me cultive avec cinq bœufs:
Et ce qu'à peine on pourra croire,

Le foc pour faire le fillon
Eft un canal étroit & long.

CCXVIII.

JE vais vîte, & je vais toûjours,
Je ne trouve rien qui m'arrête ;
Et la plus afreufe tempête
S'oppoferoit envain à mon rapide cours.

J'ôte & je donne des richeffes,
Je renverfe des fortereffes ;
Et mets l'intelligence entre les ennemis,
Que l'on defefperoit de voir jamais unis.

Contre fes créanciers tel mon fecours implore,
Qui fe verroit perfecuté,
Si par bonheur pour lui je n'aurois acquité
Ce qu'il leur doit encore.

CCXIX.

J'Ai de l'eau qui n'eft pas humide,
Du feu qui n'a point de chaleur ;
Bien que mon corps foit fans couleur,
La matiere en eft bien folide.

Sur les rofes fouvent on me trouve couché :
Mais par un fort bizarre ;
Ce n'eft pas là chofe fort rare
De me voir fur la Croix fortement attaché.

Des Dames de la Cour je quitte peu l'oreille,
Et fors tres-rarement des mains des courtifans ;

Et par une disgrace à nulle autre pareille,
On me force à servir de simples Artisans.

CCXX.

Grace au destin je suis du sexe féminin,
    Mais tous mes membres sont du sexe mascu-
        lin ;
Sans estre monstrueux ainsi que plusieurs ,bêtes,
J'ai quatre fois vingt pieds , & quatre fois dix
        têtes,
Deux fois quarante bras , autant d'oreilles,
        d'yeux.

Pour mes langues l'usage en est fort précieux ,
Et leur noble travail ne concourt que pour une ,
Qui leur doit son éclat , sa gloire & sa fortune ;
Et qui de plusieurs ans precedant mon emploi,
Quoique ma propre langue estoit née avant moi.

Ce que je dis ici de diverses parties,
A quatre fois dix corps les fait voir assorties :
Mais ces quatre fois dix par de sçavans accords
Conspirent tous ensemble à former un seul corps.

Je m'habille en manteau , justaucorps & sou-
        tane ,
Mille honneurs éclatans me mettent en credit ;
On me voit mortier , mitre, & pourpre , & saint
        Esprit ,
Je brille également par la plume & l'épée :
On me donne un asyle en la maison d'un grand
Qui n'a point son égal dans son sublime rang.

J'ai quantité de fils, la plûpart en familles ;
Mais entre tant d'enfans j'ai seulement deux filles,

Qui tiennent de leur mere, & qui, dit-on, font
    voir
Qu'en partage elles ont le talent du sçavoir.

Je compose & m'explique en divers idiomes,
D'Aristote j'entens les doctes Axiomes;
Epique, Dramatique, Elégie & Sonnet,
Satyre, Ode & Rondeau, sortent de mon cornet.

Enfin je réussis en tout genre d'écrire :
Mais la sincerité m'oblige ici de dire
Qu'avec tant de talens dont j'emprunte un grand
    nom,
J'en suis à la premiere & plus simple leçon.

CCXXI.

Dans un même logis deux freres sans se voir,
  Jour & nuit demeurent ensemble ;
  L'un en tout à l'autre ressemble,
  Et tous deux ont même pouvoir.
  Ils parlent sans avoir de langue,
Et trahissent celui qui si commodément
  Les maintient dans leur logement.
Ils disent son secret par de vives harangues,
C'est par là qu'on dit d'eux avec grande raison
    Qu'ils trompent l'hôte en sa maison.

CCXXII.

Un Etranger vêtu de bleu
  S'offre souvent à nôtre vûe ;
Malgré son large pied & sa tête pointue,

La blancheur de son teint met les belles en feu;
Comme leur paſſion eſt pour lui ſans égale,
        S'il arrive qu'on les regale,
Pour contenter leur flâme, on le met du feſtin :
        Cependant tel eſt ſon deſtin,
        Que maltraité ſoir & matin,
        Sans avoir offenſé perſonne,
Il pouſſe les hauts cris des coups que l'on lui
        donne.

CCXXIII.

SUr un terroir aſſez fertile
        Je me promene tous les jours,
Non loin de ces endroits, où les tendres amours,
Les graces & les ris ont pris leur domicile.

    Lorſqu'on donne à ma courſe entiere liberté,
D'une épaiſſe forêt perçant l'obſcurité,
        C'eſt à moi de faire main-baſſe
Sur tout ce qui s'oppoſe à ma rapidité.

        S'il arrive que je me laſſe,
        Ceux qui me donnent de l'emploi
Se plaignent hautement & peſtent contre moi;
Une injuſte fureur m'injurie & m'outrage.

    Ignore-t-on qu'en mon aveuglement,
        Si l'on me donne un guide ſage,
        J'agis auſſi fort ſagement ?
        Cependant malgré ma ſageſſe,
        Il eſt des inſtans malheureux,
Où les traces de ſang que mon paſſage laiſſe,
        Font voir que je ſuis dangereux.

CCXXIV.

U N souffle me donne le jour,
Et sitôt que je nais, je commence à reluire ;
Mais helas ! mon regne est si court,
Le moindre choc peut me détruire.

Pour l'éviter je m'abandonne au vent,
Afin que dans les airs il me puisse conduire :
Mais envain je veux fuir tout ce qui me peut
    nuire ;
Ce traitre lui-même souvent
Par un souffle fatal, à mon trépas conspire.

Lui qui m'a faite auparavant
Comme lui je suis fort légere,
Et je n'occupe aussi que les esprits légers ;
Je les vois se donner carriere
Pour me préserver des dangers.

Je suis ronde comme une boule,
Et pourtant je ne puis rouler ;
Sans aîles j'ai l'art de voler,
Et l'on me fait sortir d'un moule.

CCXXV.

J E suis la figure du monde,
Comme le monde aussi je n'ai que du dehors ;
Qui voudroit sonder dans mon corps
Ne rencontreroit rien pour arrêter sa sonde.

Je suis inconstant & leger ,
Je rampe en terre , & me promene en l'air ;
Et suis dans mon employ plus agité que l'onde.
Malheureux qui sur moi se fonde.

Je suis gros & bouffi de vent ,
Mon sort est de voler sans cesse :
Mais à bons coups de pied il faut qu'on me caresse
Je suis inutile autrement.

CCXXVI.

NOus sommes plusieurs fils , unis , bruns &
jumeaux ,
Dans le ventre d'une blondine ;
Que la nature a faite & picquante & mutine ,
Pour nous garder des animaux.

Elle leur fait mauvaise mine ,
De mille traits aigus elle les assassine ;
Et la main qui la touche en ressent mille maux.

Aussi l'homme en colere
Pour réussir dans son dessein ,
Avec les pieds écrase & les traits , & le sein
De celle qui nous sert de mere.

Que fait cet homme ? helas ! dans son ardent
courroux ,
Depeur que nous disions nôtre cruelle peine ,
Quand dans les feux il nous promene,
Il nous perce de mille coups ;
Il nous fait prendre un teint de more ;
Il nous brûle , ou nous glace , & puis il nous dé-
vore.

CCXXVII.

JE suis enfant de la lumiere,
Et ne hais rien tant que le jour ;
La nuit est toute mon amour,
Peu me connoissent toute entiere.

J'ai la forme d'un estre étrange & merveilleux,
Et mon abord étonne & l'esprit & les yeux ;
Je vais chez les mortels, j'y suis de quelque
usage,
Je ne suis rien parmi les Dieux,
Quoique je parle leur langage.

Je ne sçais par quel art on a pû me cacher ;
Vous en serez surpris quand vous m'aurez connue,
Vous me voyez, vous m'avez vûe,
Même avant que de me chercher.

CCXXVIII.

BIen que très-foible & très-menu,
Je travaille toujours, pourvû que l'on me serre,
Presque en tous les coins de la terre
Par mes emplois je suis connu.

De mon petit destin la fortune se joue,
Je vois souvent tourner la roue ;
Quelquefois vêtu proprement,
Et puis tout nud dans un moment.

Véritable portrait de l'inconstance humaine,

L'on me délivre, l'on m'enchaîne ;
Et dans mon sort inégal, incertain,
Je change dans un tournemain.

CCXXIX.

N'Ayez point peur de moi, je ne mords, ni
  ne rue,
    Par ma mere je fus conçue
    Au milieu des jeux & des ris ;
Admirez mes appas, j'ai la tête cornue.

    Un minois de guenon sur un grand col de grue,
      Des aîles de chauvesouris,
      Qui sortent d'un dos de tortue ;
Un estomach d'autruche, un ventre de cochon,
      La peau d'un hérisson
      Honestement pointue,
Des cuisses d'ours, des jambes de griffon,
      Une queue enfin de dragon.

Ce n'est pas tout, mon chant, ou ma voix la
  plus nette.
    Est un cry de chouette :
    J'ai l'oreille d'un fin renard,
Le coulant d'un serpent, le vol d'une allouette,
    Et la marche d'une belette.

    Et mon plus doux regard
    Est celui d'un fier crocodile,
    Prest à dévorer femme ou fille :
Ainsi sont joliment composés mes dehors,
    Et mon ame est comme mon corps.

CCXXX.

JE suis d'un pere deux fois né,
  Et d'une mere deux fois née;
J'étois Prophete couronné,
  Car telle estoit ma destinée.

Mon pere prophetise & la nuit & le jour,
Et je prophetisois au tems de mon enfance,
  Estant capable alors d'amour,
Ayant eu le destin d'une double naissance.

  Mais admirez mon cruel sort,
  On me voue à la mort;
  On me fait ennuque sans cause,
  L'on m'expose aux grandes ardeurs.
  N'est-ce pas une étrange chose
  D'estre brûlé pour des pécheurs?

CCXXXI.

JE possede des biens, & n'en sçaurois jouïr,
  Je suis de tous festins, & jamais je n'y man-
    ge;
Quand on me veut parer, il me faut du mélange,
Quand je vous rends joieux, c'est sans me ré-
    jouïr.

J'assiste aux entretiens sans pouvoir les ouïr,
Qui me fait de l'honneur en reçoit en échange;
Qui me fait un affront trouve en moi qui se vange:
La terre en ma faveur doit se laisser fouïr.

Quand on m'habille bien, on y trouve son
  compte;

Quand on m'habille mal , on en souffre la honte :
On m'apporte , je porte ; on me charge , je rends ;
J'exige en ces emplois de la viciſſitude ,
Je ne demande rien , qu'on me donne , je prends.

CCXXXII.

JE ſors d'un lieu fort deshonneſte ,
Sans rougir néanmoins je parois chez les Rois ;
Les belles dans leur lit bien ſouvent me font fête ,
Je ſers à leur beauté pour maintenir ſes droits.

Mais quelle ingratitude ! il m'en coûte la tête
Avant de partir de leur doigts :
Plus je ſuis jeune , & plus on m'aime ;
Et j'unis la fraicheur à la chaleur extrême.

CCXXXIII.

D'Un viſage trompeur j'aborde tout le monde ,
Je cache mes défauts autant que je le puis :
Mais comme je n'ai pas une bonté profonde ,
On me hait auſſitôt qu'on connoit qui je ſuis.

Benir le nom de Dieu , c'eſt-là mon caractere ,
Je rends graces au Ciel de la grandeur du Roi ;
Et cependant malgré ce noble emploi
Je fais ſouvent périr mon pere.

CCXXXIV.

J'Habite un sombre lieu d'un accès difficile,
Lorsque l'on veut m'en faire déloger,
On va chercher un étranger,
En cela plus qu'un autre habile.

Un bandeau sur les yeux, tel qu'on dépeint l'A-
mour,
Il m'arrache & m'abbat ; & fier de sa victoire,
Sitôt qu'il apperçoit le jour
Il chante à haute voix ma défaite & sa gloire.

CCXXXV.

TOi qui pretends calculer bien,
J'entreprens aujourd'hui de te faire la nique,
Et t'apprendre une aritmétique
Où le diable ne connoit rien.

Sans rien ajouter ni rabbatre,
Quatre fois trois font vingt, comme quinze font
six ;
De même trente sept font dix ;
Cependant tout ne fait que quatre.

CCXXXVI.

J'Altere la délicatesse
D'un lieu dont je fais l'ornement,
J'y viens toujours fort doucement ;
Et l'on m'en chasse avec vitesse.

On seroit fort fâché de ne me point avoir,
Souvent l'on me défire avec impatience :
Mais fitôt que je veux prendre un peu ma croif-
    fance,
       On me traite avec violence,
       Et dans le lieu de ma naiffance
       On ne fçauroit fe réfoudre à me voir.

       Quand je parois, l'on veut paroître fage,
Sans pour cela fouvent qu'on le foit davantage :
J'embellis, j'enlaidis, l'on m'aime, l'on me hait,
       Et l'on me fait, lorfque l'on me défait.
       Des gens de piété profonde,
       Pour me garder fortent du monde.

       Tout le refte du genre humain
Me traite tour à tour d'une façon fevere :
       Mais malgré tout ce qu'on peut faire,
On me chaffe aujourd'hui, je reviendrai demain.

CCXXXVII.

ABfent de la beauté que j'aime,
Lui feul peut calmer mon ennui ;
Il eft plus beau que l'amour même,
Mais elle eft plus belle que lui.

CCXXXVIII.

JE fuis un triple cabinet
Avec une double ouverture,
Par où paffe plus d'une ordure
Que chacun y porte en fecret.

Celui qui reçoit le pacquet,
Ne le reçoit pas fans murmure;
Deux patiens font la figure
De gens condamnés au gibet.

Pendant que l'un des deux raisonne,
Un tiers fans confeil de perfonne,
De tout point veut eftre éclairci.

Là pour le repos de fon ame,
Il ne faudroit pas qu'un mari
Se trouvât derriere fa femme.

CCXXXIX.

P Armi les Courtifans j'ai la premiere place,
J'approche de fort près la perfonne du Roi;
Bientôt une rivale auffi belle que moi,
De mon pofte honorable impunément me chaffe:
Mon teint & ma beauté ne durent pas longtems,
Mais par leur prompt retour je redeviens char-
    mante,
Sans moi l'on ne voit point de parure éclatante:
Quand on n'a que moi feule, on eft fans ornemens.

CCXL.

D Ans les forêts j'ai pris naiffance,
Et rien n'eft égal à mon fort:
Je ne jouis qu'après ma mort
De ma gloire & de ma puiffance.

Je brille à la Cour, à la Ville,
Je fuis le prix d'un homme habile;

J'illuftre une grande maifon
Dont je rehauffe l'écuffon.

A la Cour chacun me défire,
Je fuis fi bien auprès du Roi,
Qu'il veut que je porte fur moi
Un ornement de fon empire.

Quoique l'efclave des humains,
Je les fais regner dans la guerre ;
Je fais trembler toute la terre,
Quand je tombe en de bonnes mains.

CCXLI.

JE fuis ce qu'on aime le mieux,
Prefque en tous les lieux de la Terre ;
Et fouvent on fe fait la guerre,
Pour m'avoir comme un bien & rare & précieux.

Mais quand on a fait ma conquête,
Celui qui me poffede a le cœur fi leger,
Qu'à m'a poffeffion jamais il ne s'arrête,
Et ne me garde pas longtems fans me changer.

CCXLII.

QUoique je fois fans mains, fans yeux,
Je conduis fi bien mon ouvrage,
Que le plus adroit, le plus fage
Ne le pourroit pas faire mieux.

J'ai befoin du fecours d'une active femelle,
Car fi j'entreprenois ma befogne fans elle
Ce feroit inutilement ;

J'agis toujours également.

Presque à tout moment je travaille
Chez ceux à qui le fort a fait part d'un grand bien,
Quand je suis parmi la canaille
Je deviens paresseux & ne fais presque rien.

CCXLII.

JE suis né Roi, je vis esclave,
Je suis premier, je suis dernier,
Mon mouvement est régulier ;
Tantôt je suis timide, & tantôt je suis brave.

Je suis petit, & je suis grand,
Je puis sans voix me faire entendre ;
Assez rarement on me prend,
Sans danger de se laisser prendre.

J'ai toujours de pressans besoins
Avec un fonds inépuisable ;
Chez moi tout se fait sans témoins,
Je suis un témoin redoutable.

Contre les malheurs les plus grands,
J'ai dans moi-même un prompt remede ;
Bien que chaque homme me possede,
Je me trouve chez peu de gens.

CCXLXIV.

MEs légitimes droits donnent le Diadême,
On me partage en mer, en fleuves, en ruis-
seaux,

Au cœur de l'Univers je promene mes eaux,
Et plein d'ardeur toujours je cours après moi-
　　　même.

Quand je fors de mon lit je n'y rentre jamais,
Mes voifins envieux tâchent de me détruire,
Formant mille complots pour troubler mon em-
　　　pire :
Et leur haine implacable en a banni la paix.

Je fais diverfion au malheur qui me preffe ;
Je goute les plaifirs, j'échaufe la jeuneffe :
Mais tout mon feu s'éteint, quand je fuis dans les
　　　vieux.

J'ai mille meffagers que j'envoye en tous lieux,
Et mon activité fait naître fur la terre
Les plaifirs de l'amour, les fureurs de la guerre.

CCXLV.

J'Impofe le filence au célebre Avocat,
　Qu'avec plaifir fouvent écoute le Senat ;
Je chaffe le Traitant du Bureau de Finance,
　　　Où je l'ai moi-même appellé.
Le Reclus que foumet l'auftere pénitence,
　　　Attend mes loix pour eftre flagellé.

Je termine à la fois cent diverfes affaires,
Je dis la même chofe aux fages comme aux foux;
Et tandis qu'à l'Amant j'annonce un rendez-vous,
J'avertis un dévot de faire fes prieres.

CCXLVI.

CCXLVI.

Au moment que je viens au monde,
Ma mere me dévoue à la virginité ;
Et je passe mes jours dans la stérilité,
Tandis que ma sœur est féconde.

En rampant je m'éleve en cent mille façons,
Et quoique je ne sois que de basse naissance,
Avec les plus grandes Maisons ;
Je fais une étroite alliance.

Lorsque je m'y peux attacher,
C'est toujours pour toute ma vie ;
Par tant de chaines je m'y lie,
Qu'on ne sçauroit m'en arracher.

Je suis agréable à la vûe,
C'est par cet endroit que je plais ;
Je peux encor faire gouter le frais,
Selon le sens que je suis étendue.

Mes cheveux seroient toujours verds,
Si j'estois insensible aux rigueurs des Hivers ;
Cette saison pour moi cruelle
Me les fait tomber tous : mais malgré ce revers
Je ne parois jamais si belle,
Que dans le tems que je les perds.

CCXLVII.

AInsi que de certains oiseaux
Qu'on appelle des Etourneaux ,
Tres-souvent nous sommes par bandes ;
Moins qu'eux pourtant nous sommes fortunés ,
Ils sont libres , nous enchainés.

Nous répondons à toutes les demandes ,
En prose d'ordinaire , & quelquefois en vers ;
Nous avons cours sur terre, & même dans les airs.

On nous voit bien , si l'on fixe nôtre être ;
Tailles & traits en nous infiniment divers,
sçavent pour lors affez paroître :

Mais sans cela les yeux les plus perçans
Feroient des efforts impuiffans ,
S'il nous vouloient connoître.

CCXLVIII.

JE me trouve presque en tous lieux ,
Sans mon secours l'Aftrologie,
Les Loix , l'Art de parler, & la Théologie,
Ne pourroient pas montrer leur éclat à vos yeux.

Je marche quelquefois , quelquefois je m'ar-
rête ,
Ayant pris mon repos je ne puis plus marcher ;
De ce même repos on ne peut m'arracher ,
Je fais parler plufieurs , quoique je fois muette.

Jamais je n'appris rien :
Mais malgré mon insuffisance
Je puis dire que la science
Sans moi perdroit un grand soutien.

Les langues dont l'étude éloigne l'ignorance,
L'Hébreu, le Grec & le Latin,
Pour rendre immortel leur destin*,
Ont besoin de mon assistance.

Quoique je ne possede rien,
Aux uns je procure du bien ;
Aux autres quelquefois je le ravis de même.

La louange & le blame éclatent par mes traits,
D'une seule couleur je fais plusieurs portraits
De la Mitre & du Diadême.

CCXLIX.

JE n'aime que la nuit, & je fuis le grand jour ;
Si je tire d'un labyrinthe
Celui qui n'y vivoit qu'en crainte,
C'est bien plus par devoir que ce n'est par amour.

Mais il faut que j'emprunte un secours que je
cache,
Pour me regler moi-même & le régler aussi ;
Et toutefois de deux que nous sommes ainsi,
Nous ne faisons qu'un corps par une même atta-
che.

D'aveugle que je suis, avec lui je vois clair,
J'ai divers ennemis puissans, mais invisibles ;
Qui cependant en leurs courses terribles

Rôdant autour de moi tachent de m'aveugler.

Comme leur violence est sans regle & sans
     bornes,
Je n'y puis résister qu'en leur montrant mes cor-
     nes ;
C'est par-là seulement que je vaincs leur effort :
Mais s'ils ont le dessus, ils me donnent la mort.

     Basse ou haute, legere ou lourde,
     Je cours risque d'un autre sort,
Car on me fait procès, d'abord que je suis sourde.

C CL.

Uittant les lieux de ma naissance,
Je peuple tous les jours des pays étrangers ;
Et par dix mille enfans inconstans & legers,
     Je mets le monde en jouïssance
     De la fontaine de Jouvence.

Ces enfans empruntés, dont le nombre fourmille,
     Ont entre eux sans cesse castille ;
     Ils se brouillent au premier vent :
     L'on ne peut sans maint coups de dent
     Remettre l'ordre en ma famille.

Un Artisan expert me donne la torture ;
     Mais malgré ma triste avanture,
     Je puis me vanter hautement,
Que si l'art quelquefois surpasse la nature,
     C'est chez moi seulement.

CCLI.

JE suis l'appanage des filles,
Dans les mains d'un garçon l'on ne me veut point
    voir ;
Les lys ne veulent point auffi me recevoir,
    Ailleurs pourtant je trouve azile.

    Lecteur veus-tu de bonne foi
    Que je t'en dife davantage ?
Je fers fans travailler, & fuis d'un bon ufage :
Mais j'ai mon compagnon qui travaille fous moi.

CCLII.

ENvain pour fuir la mort, j'ai foin de me ca-
    cher
Dans des lieux tres-profonds où je fuis retirée,
    Les hommes viennent me chercher ;
    Et s'ils m'en peuvent arracher,
Ils me tirent le fang, puis je fuis dévorée.

    Trop heureux au contraire eft le fort de ma
    fœur,
Qui dans un haut degré de gloire & de fplendeur,
    N'a des mortels aucune crainte,
    Ayant cet infigne bonheur
D'eftre exempte de toute atteinte.

    Je fuis fujette aux rigueurs de la mort,
    Elle par un plus noble fort
    Rodant autour d'une machine ronde ;

Verra tous les siécles du monde.

Mais une tierce sœur, ou si l'on veut un frere,
(Car nôtre nom latin
Est dit genre masculin)
Fait plus de maux, helas ! que serpent & vipere.

CCLIII.

DEvinez , ma chere Fanfine,
Ce que je m'imagine ;
Un composé de chair & d'os,
Qui ne peut sans ennui demeurer en repos,
Qui marche sur des cloux , & n'en sent point de
maux ,
A qui je viens de voir, écoutez des merveilles ,
Six pieds , deux mains , quatre yeux , deux bou-
ches, quatre oreilles ,
Et le derriere sur le dos ;
Pourriez-vous bien m'en montrer de pareilles ?

CCLIV.

JE suis si merveilleux aux yeux de tous les hom-
mes,
Qu'au tems passé comme au siécle où nous
sommes ,
On n'a pu concevoir mes secrets mouvemens ;
Le corps qui me gouverne est rempli d'inconstance.

Je suis reglé pourtant, & quand sur mon essence
Je fais faire aux Docteurs mille raisonnemens,

Qui n'ont aucune reſſemblance ,
Le menſonge trompeur regne en leurs ſentimens.

Mais on a beau chercher les cauſes de mon être,
On ne ſçauroit jamais pleinement me connoître,
Et je ſuis le fleau des eſprits curieux ;
Ainſi de m'obſcurcir la peine eſt inutile ,
Quand je découvrirois mon nom au plus habile ,
Il ne m'en connoîtroit pas mieux.

C C L V.

JE ne ſuis pas moins belle en dedans qu'en de-
hors ,
L'Hiver que le Printems , & l'Eſté que l'Automne ;
Quand on ſe ſert de moi, l'on me met l'ame au
corps ;
Et ſans faire de grands efforts,
Je reçois aiſément tous les plys qu'on me donne.

Je ſuis de la couleur du jour ,
Foible auſſi-bien que ſouple , & ſi fort délicate ,
Qu'on ne voit rien qui ne m'abbatte ,
Et telle enfin que je cede à l'amour
Du moindre Zéphir qui me flatte.

Lorſqu'on me confie un ſecret ,
Il n'eſt pas trop en aſſurance ;
Car ſi l'on me néglige , l'on s'expoſe au regret
D'apprendre en peu de tems qu'il eſt en évidence.

Ne croyez pas que ce ſoit par vengeance,
Je ſouffre tout juſqu'aux mots de rigueur ,
De mépris & de raillerie ,
Ce n'eſt pas toutefois ſans changer de couleur,

CCLVI.

Pprenez si je suis puissante,
J'ai cent pages de compte fait
Que rien au monde n'épouvante,
Leur teint uni, blanc comme lait,
Est d'une grace assez charmante.

Leur taille dégagée a pour plus grand attrait
Une égalité surprenante,
Et le regard le plus parfait
N y trouve point de différence,
Tant exacte est leur ressemblance.

Par leur moyen les beaux esprits galans
En éprouvant une agréable peine,
Ont dequoi s'occuper pour plus d'une semaine ;
S'ils ont dessein d'exercer leurs talens,
Et d'en rendre au public les effets évidens.

Ainsi je suis utile & même necessaire
A cent sortes d'affaires,
D'honneur & de fortune, aussi-bien que de cœur;
Vous le sçavez, ami lecteur,
Vous en estes souvent le témoin oculaire.

CCLVII.

A tête vaut mieux qu'un trésor ;
On la préfere même à l'or :
Mais quand des armes on appreste,
Et que le fer en main m'oblige à succomber ;
On ne me fait jamais tomber,
Que pour brûler mon corps, & pour briser ma
tête.

Battu de mille & mille coups,
Sans mériter tant de courroux,
A quel sort me dois-je résoudre?
Voyez mon supplice nouveau
Avant que d'entrer au tombeau,
Il faut estre réduit en poudre,
Et passer par la flâme ayant passé par l'eau.

Ne suis-je pas digne d'envie,
Malgré mon triste sort?
Puisque je donne encor la vie
A ceux qui me donnent la mort.

CCLVIII.

EN certaine saison je parois si charmante,
Qu'une amitié forte & constante,
Engage tout le monde à me suivre en tous lieux:
Mais dans un autre tems ma faveur est petite.

On me laisse, on me fuit, tout le monde me
quitte,
On peut juger par là si mon sort est heureux;
Et cependant rien ne m'irrite,
Ce propos semble merveilleux.

Qui suis je? mon manteau t'envelope peutêtre,
Chacun porte avec lui la cause de mon être;
On me voit dans la ville, on me voit dans les bois.

Deux qui portent mon nom different en nature,
L'un fait dans un repas une aimable figure;
Et l'autre divertit, aidé de plusieurs Rois.

G v

CCLIX.

Heros en fait de patience ,
Je souffre , hélas ! jusqu'aux derniers abbois ,
Mépris , injure , coup , toute sorte d'offense ,
Sans faire aucune résistance ;
Et sans même employer ma pitoyable voix
A ma défense.

Je passe aussi mes jours comme les pénitens,
Dans le travail presque en tout tems ,
Mangeant peu , couchant sur la dure ;
Ne beuvant jamais que de l'eau ,
Vêtu de gris , sans bonnet , ni chapeau.

Mais bien que pauvre creature ,
On tire un honneste tribut
De la plûpart des peines que j'endure ;
Et j'ai toujours sur moi le signe du salut.

Mon sort ne cause point d'envie ,
Car s'il ne m'avient pas d'estre mangé des loups ;
Après ma mort je reçois plus de coups ,
Que je n'en eus pendant ma vie.

J'ai des freres de lait , & d'autres de renom ,
De ces derniers grande est la multitude ;
N'en es-tu point ? dis-moi , toi qui cherche mon
nom.

En vain , s'il est ainsi , tu mets là ton étude ,
Jamais tu ne le trouveras ,
A moins que tu ne sçaches
D'un ami franc qui ne te flate pas ,
Ce que sous ton surtout tu caches.

CCLX.

JE me rends familiere affez facilement ,
Aux plus hupés je chante des injures ;
Je me plais à voler & vole impunément ,
Sans avoir peur des fers , ni des tortures.

Je n'ai qu'un feul habillement ,
La mode & la faifon n'y font nul changement ;
C'eft une robbe fort legere
Où le blanc & le noir ont leur compartiment.

De la même façon que l'avoit ma grand-mere,
Je fuis pourtant d'un affez grand renom ;
Gens du plus haut étage ont eu cinq fois mon nom,
Le tartuffe l'affecte , & le faint le révere.

Jadis quand j'eftois fille, on m'accufa d'orgueil
Sur la qualité de chanteufe ;
Et delà vient, dit-on, que je porte le deuil:
Aujourd'hui l'on m'eftime une grande caufeufe ;
Sur tout lorfque je n'ai qu'un œil.

CCLXI.

JE fuis une production ,
Où l'art fait briller la nature ;
Si fier de mon extraction,
Que je ne fouffre aucune injure ,
Car fouvent je n'eu puis fouffrir
Sans eftre réduit à périr.

Jugez de ma délicateffe ,

Cependant quoique je fois tel ,
Tout le monde à l'envy s'empreffe ,
A me dreffer chaque jour un Autel.

Mon origine eft noble & pure ,
Je change de couleur fans changer de nature ;
Et comme je touche le cœur
Par le foin que je prens d'offrir ce qui doit plaire ,
Chacun fi fort me confidere ,
Qu'il gronde en fe plaignant fouvent de mon
malheur :
Mais on fait plus encor , on me flatte, on me tou-
che ;
Et je me fais fi bien prifer ,
Qu'il n'eft point de fi belle bouche,
Qui plufieurs fois par jour ne cherche à me baifer.

CCLXII.

JE fuis fille d'un pere aimé de tout le monde ,
De ma mere je fors d'une étrange façon ;
Je paffe par le feu , par l'eau , par la prifon ;
Et femblable à Nioble en pleurs je fuis féconde.

Mon pere a l'efprit vif , c'eft ainfi que je l'ai ,
Et fi quelquefois je m'échape ,
Il eft bien fin qui me ratrape ,
Le fage ufant de moi n'en fait qu'un fimple effai.

Soit que j'aille fur mer , où que j'aille fur terre,
On trouve du fecours en moi ;
Et je fuis même en mon emploi
Neceffaire en la paix , neceffaire en la guerre.

Mais fur tout admirez mon merveilleux pouvoir,

D'un gueux je fais un riche , & change un autre
   en bête ;
A celui-ci je mets des chimeres en tête,
Et ce que Circé fait je le fais aussi voir.

CCLXIII.

JE suis petite , & suis brunete ,
  De la forme la plus parfaite ;
Mon pere m'appelle un trésor,
Et souvent m'habille tout d'or.

    Pour me rendre où l'on me désire ,
Il me faut traverser un Palais précieux ,
    Et puis descendre en d'autres lieux
Que leur obscurité m'empêche de décrire.

    Là toutefois j'exerce mon empire ,
    Et c'est pour soulager les maux
    Du Roi des Animaux.

CCLXIV.

NOus embrassons ce qui nous porte ,
  Et nous faisons aller ce qui le porte
   aussi ;
Le mouvement qui les transporte
Ne nous donna jamais ni peine, ni souci.

    Nous sommes durs , impitoyables ,
Faits pour causer du mal d'où résulte du bien ;
    Toutefois nous n'en voyons rien ,
Ainsi que deux jumeaux nous sommes fort sem-
blables.

La belle & charmante figure
Des ornemens des Cieux,
Se remarque en nôtre structure ;
Et nos rayons pourroient crever les yeux.

CCLXV.

QUand je suis plein d'esprit on estime mon
    pere,
Quand j'ai le corps bien fait on estime ma mere ;
Les roses & les lys m'embelliffent souvent,
Je puis à la même heure estre en plus d'une place ;
On me peut transporter en Perse comme en
    Trace :
Mais Dieu même ne peut me poufer plus avant.

CCLXVI.

ENtre les animaux je tiens le premier rang,
    Il n'est point de climat où l'on ne me con-
        noiffe ;
Souvent dans ma fureur je suce jufqu'au fang,
Et plus je fais de mal, & plus on me careffe.

Je parle mieux qu'un Geay, mieux que lui je
    babille,
Nul finge ne reffemble à l'homme tant que moi :
On me trouve par tout aux champs, comme à la
    ville,
Et même quelquefois entre les bras d'un Roi.

CCLXVII.

JE fuis jaune, blanc, verd, noir, gris, rouge,
    ou cendré,

Ou de quelques couleurs plus rares;
Si la mode aime les bizarres,
Je me plais à la suivre & m'ajuſte à ſon gré.

Mais c'eſt bien une autre merveille,
Je ſuis court, long, haut, plat, rond par quarts,
ou tortu;
J'ai ſouvent, ou n'ai point d'oreille,
Et mon uſage fait connoître ma vertu.

Quelquefois auſſi l'on me donne
Une compagne, ou compagnon;
C'eſt ſelon que l'âge l'ordonne,
Ou pour me rendre plus mignon.

Je ſers à déſigner les dignités brillantes
Dont les mortels ſont revêtus,
Et la Satyre veut que les femmes galantes
Aiment à me faire pointu.

CCLVIII.

Plus on me trouve rude,
Plus on me cherit en tous lieux;
Je regne dans la ville, & dans la ſolitude;
Je ſuis l'amuſement des jeunes & des vieux.

Je ſuis ſi génereuſe & bonne,
Que je rends tout ce qu'on me donne:
Mais ſi je viens à m'adoucir,
L'on me mépriſe, & l'on me jette;
Et c'eſt à quoi je ſuis ſujette,
Pour avoir fait trop de plaiſir.

CCLXIX.

Sans cesse on me vient confulter,
Plus qu'on ne fait les Avocats célebres;
Et de jour dans les ténebres,
D'un pas égal je vais fans m'arrêter.
Je parle & fuis fans voix, je vis & fuis fans ame,
Je fers l'Amant, je fers la Dame,
Le Plaideur, le Joueur, la Ruelle, & la Cour:
Avec mes fœurs rarement je m'accorde;
Je vois rouler mon fort fur la roue & la corde,
Et je marche au gré du tambour.

CCLXX.

Des plantes que l'on trouve en cent climats di-
vers,
Je fuis la plus utile & la plus néceffaire;
On ne voit point de peuple en ce vafte Univers,
Qui de me conferver ne fe faffe une affaire.

Je crains avec raifon les rigueurs des Hivers,
Je me cache avec foin dans un tems fi contraire;
Et j'attends les beaux jours où les arbres font
verds,
Pour faire des jardins mon féjour ordinaire.

Au moment que je nais je fuis grande d'un pié,
Je crois affez longtems: mais telle eft ma nature,
Que quand même je fuis plus grande de moitié,
Un pied de ma grandeur fait toujours la mefure.

Les autres arbriffeaux fe parant de leurs fleurs
Etalent à nos yeux mille aimables couleurs:

Mais quoique je ne sois ni belle , ni féconde ,
Je porte sans fleurir le plus beau fruit du monde.

Eſtant de la grandeur l'appui le plus certain ,
Sur moi , quoique je sois en effet peu de choſe ,
Comme sur un Atlas le monde ſe repoſe ;
Et c'eſt moi qui ſoutiens les droits du genre hu-
    mains.

Je ſuis utile aux Rois que le faſte environne ,
Je leur aide à porter le faix de leur Couronne ;
Et ſi quelqu'un pouvoit m'ôter au grand Seigneur,
On verroit à l'inſtant décroître ſa grandeur.

Du même enfantement nous naiſſons deux ju-
    melles ,
Qu'on ne peut ſéparer ſans des douleurs mortelles;
Quand on me voit en l'air, le préſage eſt facheux,
Celui d'une cométe eſt bien moins dangereux.

Vous qu'un déſir preſſant excite à me connoî-
    tre ,
Lecteur , je ne ſuis pas à ſix pieds de vos yeux :
Mais comme c'eſt le ſoir qu'on me découvre mieux,
Attendez juſques là , vous me verrez peut re.

CCLXXI.

Tout ce que la nature en merveilles feconde
Produit de plus exquis dans l'air, la terre &
    l'onde ,
    Sert par d'inviſibles reſſorts
    A la ſtructure de mon corps.

    Mais tous ces biens pour me conſtruire ,
    Sont obligés de ſe detruire ,

Tous les mortels suivent mes loix,
Sans excepter même les Rois.

De leur Trône souvent à mon gré je les chasse,
Sur le mien à leur tour il faut qu'ils prennent
place ;
Je travaille avec eux suivant leur naturel ,
Et je puis même enfin me vanter d'estre tel ,
Que je fus autrefois mis aux travaux d'Hercule.

Mais un si magnifique & pompeux appareil ,
Va vous persuader que je suis sans pareil ;
Au monde cependant rien n'est si ridicule ,
Lorsque je viens à prendre un air dur & tranchant,
Je fais acheter cher les faveurs que j'accorde :
Si quelqu'un par hazard me trouve trop mé-
chant ,
Pour se vanger de moi je consens qu'il me morde

CCLXXII.

POur remplir certain vuide ,
La précaution m'a posté
Auprès d'un réduit où réside
Un Agent de la volupté.

Sans moi dans ce réduit où certain Dieu préside ,
L'ennemi subtil entreroit ;
L'ami du cœur en sortiroit ,
Si je n'en gardois bien la porte.

Mais hélas ! un brutal pourtant industrieux ,
Joignant l'effort à l'art me chasse avec main forte
De ce poste délicieux ;
Son fer me fait une blessure.

Je cede, il faut enfin contenter son désir,
Alors un bruit de bon augure
S'il est suivi d'un doux murmure,
Au fripon qui me force annonce du plaisir.

CCLXXIII.

JE suis premiere en rang & derniere à la Cour,
Je suis double au trictrac & double à l'écriture;
Et sans quitter la mer j'entre dans la structure,
Je cours avec le cerf, je vole avec l'auteur.

J'accompagne l'aurore, & termine le jour,
Au milieu de Paris on me voit enfermée ;
Sans perdre d'un moment ni le Roi ni l'Armée,
En robbe je préside, & j'entre au Parlement.

J'ai dans tous les Arrests une double séance,
Je suis toujours présente à la moindre Ordonnance,
Et ne me suis jamais trouvée en jugement.

CCLXXIV.

VOulez vous sçavoir d'où je sors ?
Comment je suis bâti? quel est mon ministere?
Sur ces trois points il faut vous satisfaire,
Divers membres forment mon corps ;
Tous de figure irréguliere.

Celui qui me produit est toûjours un Seigneur,
Par son rang distingué des autres ;
Je suis Pape, ou Martyr, ou Vierge, ou Con-
fesseur,
J'ai même souvent le bonheur
D'estre du nombre des Apôtres.

Quoique je fois parmi des vagabonds
Qui n'ont de Dieu ni l'amour, ni la crainte ;
Ma fainteté n'en reçoit point d'atteinte,
Et je fuis faint chez eux ainfi que chez les bons.

Je n'ai pour parrein que mon pere,
Il me change mon nom, fitôt que le Soleil
   Pafle dans une autre Hémifphere ;
Ce changement eft même neceffaire
Pour le faire dormir d'un tranquille fommeil.

   Croirez-vous bien ce que je vais vous dire ?
Sur des pieds empruntés je cours toute la nuit,
   C'eft fous mon nom qu'en repos il refpire.

   Enfin fans force & fans valeur,
Je le défens des tranfports de fureur
D'un ennemi qui cherche à le détruire.

CCLXXV.

CElui qui nous donne la vie,
   Eft un eftre inanimé,
Que màlgré fon efprit & fa force inouie
   On tient fans peine enfermé.

Dans un fombre manoir qu'en bonne compagnie
   Pour l'en faire fortir
   Nous allons inveftir,
Sans canon, boulet, poudre & mêche ;
Nous fommes le jour & la nuit
   Occupés à faire une brêche :
Mais pour petite qu'elle foit,
Le prifonnier s'échape, & dans fon fein aride
   Sa bifayeule le reçoit.

C'eſt là que tranſportés par cette ardeur avide
Qu'en nous l'eau ne peut temperer,
Sans nous mettre en ſouci du nom de parricide ;
Nous ne l'accompagnons que pour le dévorer.

Mais dans cette action qui paroit inhumaine,
Et qui toutefois ne l'eſt pas ;
S'il s'en faut rapporter à nôtre ami Silene,
Nous trouvons ſouvent le trépas.

Vous qui ſur les bords d'Hypocrene
Méditez nôtre ſort, Oedipes curieux,
Ceſſez pour l'éclaircir de vous donner la géne,
Nous allons par pitié vous en inſtruire mieux.

Lorſque le verre en main à vos amis joyeux
Vous portez la ſanté d'Iris ou de Climene,
Vous nous voyez peutêtre expirer à vos yeux.

CCLXXVI.

JE viens au monde avec quatre viſages,
De quatre ſœurs toujours accompagné ;
Qui tour à tour font le partage
Du plus heureux & du moins fortuné.

Quoique toujours pour valoir quelque choſe
L'on ſoit contraint de me faire marcher ;
C'eſt lorſque je ſuis las, & que je me repoſe ;
Que l'on s'occupe à me plus rechercher.

Quoique je ſois & ſans langue & ſans bou-
che,
En ce moment je décide en latin
Du bon ou du mauvais deſtin
De celui qui me touche,

CCLXXVII.

POur se garantir des filoux ,
On me met souvent en usage ;
L'avare ainsi que le jaloux ,
De son bonheur me croit le gage.

Si je fais quelque facheux tour ,
Je suis aussi fort nécessaire,
Soit dans les mysteres d'amour ,
Soit dans la plus secrete affaire.

Je trouve par tout de l'emploi ,
A me connoître l'on s'applique ;
Et jamais personne sans moi
Ne pourroit sçavoir la musique.

CCLXXVIII.

DEux freres & trois sœurs d'un seul manteau
    couverts ,
Qui sans se dire mot passent l'année ensemble ;
Seront Tircis , si bon vous semble ,
Les Héros de ces petits vers.

Ces freres en tout font semblables ,
Leur sort est d'estre portefaix ;
Ils ont comme leurs sœurs les pieds tout contre-
    faits ,
Leur politesse plaît , & les rend estimables :
    Mais elle ne peut empêcher
Que dans de certains tems qu'on n'ose en appro-
    cher,
    On ne les trouve insupportables.

Ils s'échauffent sans se fâcher

Leur rougeur n'est jamais un effet de la honte,
 Ni l'ouvrage de la pudeur ;
 A leur front des rides vainqueur,
 Il est rare aussi qu'elle monte.

 Malgré les differens emplois
Que remplissent chez nous ces cinq enfans sans
  mere,
 L'oisiveté semble leur plaire ;
 Ils passent souvent des six mois,
 Toujours de bout à ne rien faire.

 Leur pere avare & sans amour pour eux,
Dès qu'ils sont nés, au plus offrant les livre ;
 Ils n'en sont pas plus malheureux ;
D'un cachot comparable à l'enfer ténebreux,
 Cette cruauté les délivre.

Ils en sortent souvent pour loger dans des lieux
Où tout est magnifique, où tout est précieux ;
 Pour corriger leur froideur naturelle
Dont nos mains quelquefois leur arrachent l'aveu;
 Soit qu'il fasse chaud, ou qu'il gêle,
Ils attendent toûjours qu'on leur fasse du feu.

CCLXXIX.

JE suis un furieux gourmand,
 Je porte une grande bedaine ;
Souvent plus farcie & plus pleine
Que la panse d'un Allemand.

Mais bien qu'avec soin on s'empresse
 De me fournir de bon repas,
Où les plus dégoutés trouveroient des appas ;
 On ne voit pas que j'en engraisse.

Fait-on quelque fameux régal ?
J'ai coutume souvent d'estre de la partie ;
La table la mieux assortie
Sans moi seroit peutêtre mal.

Quand une fois j'ai pris ma place,
J'y tiens alors mon quant à moi ;
Et par priere & par menace,
Je n'en sortirois pas, quand je verrois un Roi.

CCLXXX.

BEautés dont la blancheur peut effacer les lis,
Nous sommes plusieurs sœurs d'un teint égal
    aux vôtres ;
Qui tenons dans nos fers, sans mépriser les autres,
    Les Amans les plus accomplis.

L'amour qu'on a pour nous est pourtant fort
    commune,
    Et le plus fidele amoureux
    Ne sçauroit se contenter d'une,
    Il faut qu'il en ait toujours deux.

Pour le charmer nous sommes fines,
    Et nous pouvons dire de plus
Qu'on en trouve entre nous quelqu'une de ma-
line,
    Ayant des yeux autant qu'Argus.

Nous n'avons pourtant point de tête,
    Et nous n'avons jamais qu'un pied :
    Mais qu'importe ? cela nous sied ;
Et nous pouvons aider à faire une conquête.

Avec cette proprieté,
                        Voyez

Voyez la cruauté des hommes ;
Le meilleur au tems où nous sommes,
Nous réduit à l'extremité.

CCLXXXI.

JE suis fléxible à tout, & fait d'une matiere
   Rude, commune & fort grossiere ;
   Je n'ai point naturellement
   Ni de beauté, ni d'agrément.

     Mais lorsque la main d'une belle
Nuançant son ouvrage avecque ma paleur,
Dérobe enfin aux yeux ma premiere couleur ;
En cet estat souvent je pare la ruelle.

   Celle qui m'a caché prend plaisir à me voir,
     Elle me montre & fait sçavoir
     Ce que je dois à son adresse ;
     J'occupe aussi bien la Princesse,
     Que la fille du plus bas rang.

   Il semble en cet emploi qu'on me perce le flanc,
Et ce qui doit surprendre, & qui sans doute est
     rare ;
C'est que je suis d'abord de genre masculin,
Et qu'après je deviens de genre féminin :
     Vit-on jamais changement plus bizarre ?

CCLXXXII.

Ma figure eſt aſſez bizarre,
Un des bouts de mon corps eſt étroit & pointu,
L'autre eſt double & plus étendu ;
Pour m'employer il faut que l'on ſépare,
Et qu'on rejoigne deux anneaux,
Mon corps tient le milieu de ces bouts iné-
gaux ;
Il eſt creux, échancré pardevant, par derriere :
Je dois mon eſtre à la lumiere,
Et cependant je ne ſers que la nuit,
A qui veut s'en paſſer bien ſouvent il en cuit ;
Et ſe ſervant de moi, ſi l'on fait le contraire
De ce que l'on prétendoit faire,
On ſe met en courroux, & d'autres fois on rit :
Celui qui commet cette faute
En a toujours quelque dépit ;
Quand j'ai ſervi, mon corps en dedans ſe noir-
cit :
Mais c'eſt une noirceur, que ſans peine l'on m'ô-
te.

CCLXXXIII.

J'Ai le ventre fort creux, le dos aride, & ſec,
Ma tête faite en œuf ſe courbe comme un bec ;
On a beau fort ſouvent me charger de cuiſine,
Plus maigre qu'un harang je n'ai rien que l'eſ-
chine.

On voit d'ordinaire engagé
Un animal vivant & fort gros en mon ventre,

Qu'il marche , qu'il sorte, ou qu'il rentre;
Je suis toujours à jeun , jamais je n'ai changé.

J'ai toutefois cet avantage,
Qu'avec un si maigre corsage,
Faut-il vaincre ou terrasser,
Avec peine de moi Mars pourroit se passer.

Souvent j'aide aux fuyards, comme à ceux qui
pourfuivent ,
Je les fers tous également ;
Et soit qu'ils meurent, ou qu'ils vivent ,
Quand tout agit , je suis sans mouvement.

CCLXXXIV.

DE l'esprit & du corps j'entretiens l'embon-
point ,
J'étale sur le teint & les lys & les roses ;
Et celui qui ne m'a point ,
N'est pas riche , quand même il auroit toutes
choses.

CCLXXXV.

JE nais dès que je suis conçûe ,
Que j'aille par Bourgs, par Châteaux ;
Sans qu'il me faille de chevaux,
Dans un instant j'y suis rendue.

Lorsque je manque , hélas ! tant pis,
C'est un présage qu'on est pris ;
Je suis sans membre , sans visage ,
Aussi mon pere est tout esprit :
H iij

Je donne toujours du courage ,
Si quelqu'un parle , ou s'il écrit.

Sans moi l'on ne fait nulle affaire ;
Si je viens à me retirer ,
On commence à mal augurer
De tout ce qu'on prétendoit faire.

Je ne regne qu'un certain tems ,
Tantôt un jour , tantôt dix ans ;
Je ne possede rien au monde :
Cependant quand on me perd,
Soit sur la terre ou soit sur l'onde ,
On attend un méchant dessert.

Aspire-t-on à quelque charge ?
Veut-on arriver à bon port ?
Jusqu'à ce qu'on sçache son sort ,
J'ouvre à l'esprit un champ bien large.

On a beau se fonder sur moi,
Je trompe sans sçavoir pourquoi ;
Combien a-t-on vû de personnes
S'imaginer par mon moyen
Pouvoir obtenir des couronnes ,
Et cependant ne gagner rien ?

Je suis vaine , c'est l'épithete,
Qu'on me donne cent fois le jour ;
Lorsque par quelque mauvais tour
Rien ne va comme on le projette.

Je tâche ici de me cacher ,
Mon nom tient ton ame incertaine ;
En le cherchant , s'il fait ta peine ,
C'est moi qui te le fais chercher.

CCLXXXXVI.

J'Ai du pere du jour, j'ai du plus beau des Dieux
L'éclat qui fort de moi , je fuis fa vive image ;
Mon fort femblable au fien fait qu'on m'aime en
    tous lieux ,
Tout un peuple fe perd en me rendant hommage.

    Je fais voir clairement , quoique je fois fans
        yeux ,
Et prête de mourir on me voit davantage ;
Quand je pars d'ici-bas, je monte dans les Cieux,
Et ne laiffe après moi qu'un refte fans ufage.

    Mes mortels ennemis font la pluie & le vent ,
Tel qui me voit naître , fouvent dans un inftant
Me voit auffi mourir par leur cruelle envie.

    C'eft un grand qui me fert dans l'Empire Ibe-
       rois ,
J'aurois le nez trop long en préfence des Rois ;
S'il ne tranchoit le fil qui fait durer ma vie.

CCLXXXVII.

IL faut du feu pour nous forger ,
  Nous fommes mâles ou femelles ;
Nous avons des pieds fans bouger ,
  Bien que nous courions les ruelles.

On nous y voit fouvent à la gloire des belles ,
    Nous y paroiffons pour venger
    Des Amans mal fatisfaits d'elles ;
Cherchez-vous nôtre nom ? n'invoquez pas les
    Dieux ,   H iij

Vous nous avez devant les yeux.

CCLXXXVIII.

L'Homme dont l'éloquence étale tant d'appas,
Semble encherir sur elle en nous donnant la
vie ;
L'avantage est petit, qu'il ne s'en vante pas,
Puisqu'en nous la donnant elle nous est ravie.

Mais quoique nous soyons si peu de tems au
jour,
Nous avons l'art de beaucoup dire ;
Nous parlons de peine & d'amour,
Nous expliquons ce qu'on desire.

Belle Clione, un grand nombre de gens
A vôtre Cour nous font paroître ;
Ah que leurs cœurs seroient contens !
Si vous vouliez nous faire naître.

Bientôt on ne nous verroit plus,
Les uns feroient mourir les autres ;
Et la joye auroit le dessus,
Nos desirs deviendroient les vôtres.

CCLXXXIX.

LE sort m'assujettit à de grandes miseres,
Bien qu'il soit assuré que mes sœurs & mes
freres
Non plus que moi n'auront jamais d'enfans ;
Mes travaux n'en font pas moins grands.

Portefaix mal payés des peines que j'endure,
Esclave d'un Tyran qui me frappe, & qui jure ;

Toujours les fers au pieds , toujours la corde au
    cou ,
      Le plus souvent je vais je ne sçais où.

Je n'y vais pas à l'étourdie ,
Serviteur à l'empreſſement ;
Malgré le poids ſous qui je plie ,
Je vais d'un pas égal , & toujours gravement.

Dans les jours de cérémonie ,
Je ne manque pas d'ornemens ;
Les plumes , l'or , la broderie
Entrent dans mes ajuſtemens :
Mais je compte pour rien le plus bel équipage ,
    La nudité me plairoit davantage.

CCLXC.

Qu'un même nom convienne à double
    choſe ,
C'eſt ce qui , diras-tu , n'eſt pas un cas nouveau :
Soit , devine nous donc , ici l'on te propoſe
Deux êtres, dont l'on va te tracer le tableau.

De ces deux êtres que nous ſommes ,
Sans rapport entre nous que du nom ſeulement ,
L'une d'un mal preſſant peut ſoulager les hommes,
Et l'autre de tout mal ôte le ſentiment.

L'une eſt affreuſe aux yeux , & ſe cache en la
    terre ;
A l'autre dans la Flandre , ainſi qu'en Angleterre,
Comme en bien d'autres lieux, les peuples font la
    cour.

L'une cauſe le deuil , l'autre inſpire la joye ;
Le chagrin vient de l'une , & dans l'autre il ſo
    noye ;   H iiij

C'eſt pour nous découvrir donner aſſez de jour.

CCLXCI.

DAns le monde je fais du bruit ,
Mon corps eſt porté par ma mere ;
Cependant je porte mon pere ,
Quoiqu'il ſoit grand , & moi petit.

CCLXCII.

JE vais t'apprendre mon deſtin,
Juge s'il eſt heureux ou déplorable ;
Dès que je ſuis formé , mon pere impitoyable
Me plonge le fer dans le ſein.

Je ſuis fait pour ſervir une fiere maîtreſſe ,
Que pourtant je tiens ſous mes loix ;
Et qui ſouvent pour marquer ſa nobleſſe,
Va de même pas que les Rois.

Si celle que je ſers eſt richement parée ,
Je me reſſens de ſon ſuperbe atour ;
En campagne , en ville , à la Cour ,
Elle a toujours une garde aſſurée.

Quand je la gouverne , elle eſt bien ;
M'echape-t-elle : on la craint d'ordinaire;
Auſſi jamais on ne m'impute rien
De tout le mal qu'elle peut faire.

Il eſt vrai que dans ſon employ ,
Pour elle mon ſecours eſt de peu d'importance :
Mais du moins elle trouve en moi
Son repos & ſon innocence.

CCLXCIII.

IL ne m'eſt point honteux d'eſtre petite,
J'en ſuis plus innocente, & moins ſuſpecte auſſi;
De me juſtifier on prend peu de ſouci,
Quoiqu'ordinairement on craigne ma viſite.

Je ne fais jamais rien qui bleſſe la pudeur,
Pourtant ma compagnie eſt de mauvaiſe odeur,
Puiſqu'elle fait rougir la plus honneſte fille;
J'ai ſoulagé bien plus d'une famille,
Et l'on ne dira pas que je ne ſers de rien.

Car ſi les uns à ma puiſſance
Ne peuvent faire réſiſtance,
A d'autres bien ſouvent je procure du bien;
A des cadets nez gueux, hé bien! qu'on s'en
rapporte.

Je ſeme, & ce n'eſt point en vain:
Mais l'abondance de mon grain
Déſole le champ qui le porte.

Dès la premiere impreſſion
Que je fais ſur un cœur, on voit que la plus belle
Se rend à ma diſcrétion;
Et me met au lit avec elle
Toujours avec émotion.

Elle me dorlote & mitonne,
Pour me faire au plûtôt ſortir;
Parce que je la fais patir,
Lorſqu'en ſon corps je me cantonne.

Je ſuis un terrible fardeau
Qu'on ne peut ſupporter, quoique l'air me voi-
ture; H v

Je n'ai jamais appris ni deſſein, ni peinture,
Et je peins ſans crayon, ſans plume, ſans pinceau,
Je me diſtingue encor par la graveure.

CCLXCIV.

M E peindre eſt une grande affaire,
Et plus qu'on ne peut penſer ;
Peintres vous le ſçavez, puiſqu'on voit d'ordinaire
Les plus fameux de vous y renoncer.

Tel n'entendit jamais le Portrait, ni l'Hiſtoire
Qui pourtant m'entreprend & même avec plaiſir,
Et ſçachant moins peindre que boire,
Ne laiſſe pas de réuſſir.

Si j'ai des créanciers, je crains peu leur furie,
Puiſqu'on n'a vû jamais qu'un Sergent ſoit venu
Détendre ma tapiſſerie,
Ou ſequeſter mon revenu.

Chez moi l'on voit ſans aucune ſurpriſe
Bien des gens même de bon lieu
Qui ſont, le col nud, en chemiſe,
Avec une corde au milieu.

CCLXCV.

J E ne vois jamais rien, cependant jour & nuit
Je ſuis au guet ſans craindre vent ni pluye ;
Quoi qu'on diſe de moi, fort peu je m'en ſoucie,
Car je ſuis au deſſus du bruit.

Si le rang que je tiens peut donner de l'envie,
Du moins j'oſe bien me vanter
Que l'homme le plus fier jamais par jalouſie

N'entreprendra de me le contefter.

Je fuis toujours fi bien en garde,
Que ce n'eft qu'en tremblant qu'on ofe m'appro-
cher ;
Et le plus réfolu fans vouloir me toucher
Seulement de loin me regarde.

Mon corps quoique fort gros fe remue aifé-
ment,
Toujours fobre, jamais je ne fais de débauche ;
Auffi je fais alaigrement
Le demi tour à droit, le demi tour à gauche.

Aux quartiers les plus fréquentés
On me voit à Paris tourner de tous côtés ;
Sans craindre, comme font les coquets, les co-
quettes,
Ni les crottes, ni les charetes.

De mon pofte jamais je ne fuis ennuié,
C'eft pourquoi quelque tems qu'il faffe,
Je conferve toujours ma place,
Et refte fur un même pied.

CCLXCVI.

Potence, corde, roue, inftrumens de torture,
Tout cela fe trouve avec moi ;
Qui m'aborde prend garde à foi,
Il obferve quelque mefure.

On me cherit pour ma commodité,
je fers même à la volupté ;
Et quelquefois fort vîte on implore mon aide,
Auffi d'un tres-grand mal je fuis un prompt re-
mede.   H vj

Je fuis le fidele Geolier
D'une belle fans moi fugitive & volage ,
Et cependant je la laiffe au pillage ;
En prend qui veut , & fans en rien payer.

Dans fes embraffemens pourtant cette rufée
Tend un piege à quiconque y tombe imprudem-
ment ;
L'entrée en eft affez aifée ,
Mais la fortie eft autrement.

CCLXCVII.

SI par un funefte deffein ,
Et par une injuftice extrême,
Mon pere ne me fait que pour m'emplir le fein
Du poifon dont je dois me détruire moi-même ;
C'eft que dans l'ordinaire emploi
Où mon facheux fort me deftine ,
Le bien que l'on attend de moi
Ne dépend que de ma ruine ,
Et par un deftin trop fatal
Je ne fais aucun bien , fi je ne fais du mal.

CCLXCVIII.

ON me connoit affez , je n'ai vertu , ni vice ;
Je fuis de diverfes couleurs ,
Et plais fur tout aux jeunes cœurs
Quoique fort fujet au caprice.

Je parois toujours fort commode ,
On fait de moi ce que l'on peut :
Mais non pas ce qu'on veut ;
Je ferai toujours à la mode.

Je n'ai point de chagrin, mais bien souvent j'en
  donne,
Pour m'avoir favorable on fait en vain des vœux ;
  Ce n'est qu'aux plus heureux
  A qui je m'abandonne.

On m'a fait pour le Roi, le Marchand, le Sol-
  dat,
  Pour la coquette & la devote,
  Pour la prude & la sotte ;
  Et plus je plais, plus on me bat.

CCLXCIX.

Il n'est rien de si grand dans l'état, dans la loi,
  Qui ne soit renversé par moi ;
  Mais aussi quand je suis heureuse,
Mon pere en est comblé de plaisir & d'honneur ;
Je fournis plusieurs traits au satirique auteur,
Qui peuvent soulager son humeur bilieuse.

  Me veus-tu deviner ? écoute bien Damon,
    C'est par mon artifice
Que la vie est un jeu, que le Ciel devient lice,
    Et le monde démon.

CCC.

Sans eau je bois de l'eau, triste effet du des-
  tin :
  Mais beaucoup d'eau me fait boire du vin.

CCCI.

DE mon pouvoir voici de grandes marques,
J'attaque sans estre apperçu ;
Je suis également reçu
Par les Sujets & les Monarques.

Comme je ne vois pas, j'ai besoin en chemin
D'estre guidé d'un bâton à la main :
Mais aussi j'ai ce privilege
Qu'aussitôt que j'arrive on me presente un siége.

On a de moi tres-mauvais sentiment,
Et ce n'est pas sans fondement ;
Car j'excite où je suis une guerre intestine,
Qui d'un bien toutefois est souvent l'origine,
Je détruis l'ennemi de ton temperament.

J'ai pour domaine une sombre Province
Dont on ne trouve l'air agréable ni doux :
Mais je puis me vanter que l'on m'y traite en Prince,
Puisque l'on me sert à genoux.

CCCII.

JE suis de figure petite,
Rien n'est plus importun que moi ;
Difficilement on m'évite :
Mais mon nom fait honneur dans la bouche du Roi.

CCCIII.

NOus paſſons fort ſouvent par les plus viles
mains ,
Et ſommes toujours maltraitées ;
On nous choque , on nous heurte , & par les ſots
humains
Toutes nos chutes ſont comptées.

Nous formons d'ordinaire un bataillon quarré,
Mais qui n'eſt pas ſi bien ſerré ,
Que l'ennemi par tout n'y faſſe des deſaſtres.

Quoique ſans influence , & quoique ſans pou-
voir ,
On peut bien en un ſens nous comparer aux Aſ-
tres ;
Puiſqu'un Globe nous fait mouvoir.

CCCIV.

D'Une immortelle main mon frere fut formé ,
Pour moi l'air & le feu me donnent la naiſ-
ſance ;
Il vit , je ſuis inanimé ,
L'on eſt charmé pourtant de nôtre reſſemblance.

Pour certaines beautés je ſuis d'un grand ſe-
cours ,
Autour d'elles ſans moi l'on verroit peu d'amours ;
Mais quelque avantageux que ſoit mon miniſtere ,
Quand on l'implore on murmure toujours ,
Le plaiſir de m'avoir ſuppoſe une miſere.

En vain vous prétendez dans ces Vers ténè-
　　breux
　　　　Démêler ce que je puis être ;
Dans le poste éminent où l'on me voit paroître,
　　　　Jettant beaucoup de feux ,
Il arrive souvent que je frappe les yeux
　　　　Sans qu'on puisse me reconnoître.

C C C V.

Dans un périlleux exercice
L'apprenti trouve en nous un utile secours ,
　　Et bien souvent sans nôtre bon office
Son coup d'essai seroit le terme de ses jours.

　　　　Comme deux sœurs appariées
　　　　Nous sommes ensemble liées ,
Et qui se sert de nous se fait de ce lien
　　　　Un salutaire soutien.

　　　　Nous sommes un fruit fort bizarre
　　　　Qui n'a rien d'exquis ni de rare , .
Et qu'on ne sert jamais sur table en un repas.

　　　　Quand nous préservons du trépas ,
　　　　Tout nôtre usage & nôtre force
Consistent seulement en nôtre vuide écorce.

C C C V I.

Mon éclat éblouit le plus noble des sens,
　　Il faut me presser pour me faire ;

Si celui qui me fait me preſſe trop longtems,
Je redeviens ma propre mere.

CCCVII.

SI la fertile invention,
Si l'art d'aimer ſes ouvrages,
Et la prompte execution
Des Peintres d'aujourd'hui ſont les grands avan-
tages,
Je les efface en un moment.

J'ai l'invention tres-féconde,
J'anime mes portraits juſques au mouvement ;
Dans un inſtant je peins tous les ſujets du monde.

J'ai d'autres dons encor que les Peintres n'ont
pas,
Je peins ſans appareil, comme ſans embarras ;
Mieux de nuit que de jour, & ſans choix de ma-
tiere.

Sans pinceau, ſans couleur j'acheve mes ta-
bleaux :
Mais j'en ſuis ſi jaloux, que même les plus beaux
Par moi ne ſont jamais expoſés en lumiere.

CCCVIII.

LOrſqu'un homme a perdu ce qu'il avoit de
bien,
A me poſſeder il commence,
Mon poſſeſſeur me garde bien
En dépit des voleurs, il danſe en leur préſence,

Le feul ignorant me connoît.

Le criminel que l'on mene au fupplice,
Soutient tres-fouvent qu'il m'a fait,
Dans un ftérile champ qui n'eft de nul fervice ;
Qui me cherche peut me trouver.

Je ne fuis cependant arbre, ni fleur , ni plante :
Même je fuis toujours contraint de me fauver ,
Sitôt que quelque arbre on y plante.
Quelque lieu que j'habite , ou mazure ou pa-
lais,
Je n'y parois jamais.

CCCIX.

MA naiffance eft particuliere ,
Je ne fuis point fils de l'Amour ;
Je fuis fans mere , & tiens le jour
Du trifte deftin de mon pere.

Je jouïs d'un fort grand renom ,
Rien n'égala jamais mon luftre ;
Et lorfqu'on fçait un homme illuftre,
On lui donne auffitôt mon nom.

On me prife fans me connoître ,
On me connoît fans m'avoir vû ;
Je fuis pourtant fi peu connu ,
Qu'on doute même de mon être.

CCCX.

LEcteur qui veut fçavoir qui m'a donné le
jour ,
Ce font plufieurs enfans les peres de leur mere ;

Qui voulant lui marquer leur zele & leur amour,
Ont travaillé tous ensemble à me faire.

Comme en moi je renferme un dépost précieux,
Comme en moi l'on découvre une haute science ;
Comme je suis rempli de tout l'esprit des cieux,
Sans doute c'est au Ciel que j'ai pris ma naif-
  fance.

Chez cent peuples divers on observe mes loix ,
Mes fideles sujets portent tous la couronne ;
Et doivent chaque jour pour le moins une fois
Me rendre avec respect leur devoir en personne.

Ils ont beau tous les jours me parler bas &
  haut ,
Bien qu'en moi l'on remarque une sainte éloquence
Qui triomphe d'un cœur dès le premier assaut ,
Je demeure toujours dans un profond silence.

Mais par un art ingénieux
Je sçais si bien jouer mon rolle ,
Qu'on me voit converser avec jeunes & vieux,
Sans me servir de la parole.

Si par mon entretien je suis à mes sujets
En même tems utile , à charge , & nécessaire ;
Je cause à quelques-uns mille justes regrets,
Lorsque de mon empire ils veulent se soustraire.

Loin de lever sur eux tous les ans des tributs ,
Comme les Souverains sont en droit de le faire ;
Je procure à plusieurs de fort gros revenus ,
Et je les flatte tous de l'espoir d'un salaire.

Afin de vous tracer en deux mots mon portrait,
La couleur de mon corps est celle de l'yvoire:
Mais afin de me rendre & visible & parfait ,
Mes traits sont nuancés de la rouge & la noire.

CCCXI.

JE ferre étroitement les côtes
De la maison du plus charmant des hôtes ,
   Que l'homme reçoive chez foi ;
   Cet hôte qui de fa nature
Trouve la liberté par la moindre ouverture ,
   · Et qui par là feroit en defarroi ,
   A befoin d'une fure garde :
Mais l'homme que fa perte intereffe & regarde ,
   Et qui d'ailleurs connoît ma bonne foi ,
S'en rapporte fans crainte à mes freres & moi.

CCCXII.

JE fuis un corps formé par le Ciel & la Terre,
   Tous deux à m'élever ont un même penchant :
Mais dans un tems j'éprouve une cruelle guerre ,
Et le fer inhumain m'abbat fous fon tranchant.

   Alors je perds mon fexe , & l'on m'en donne un
      autre ;
Vile & fimple en tous lieux, mon ufage eft fans
      prix ;
Infenfible au plaifir , je brûle pour le vôtre ,
Et je fuis cependant l'objet de vos mépris.

   Mais malgré vos dedains, fenfibles à ma flâme,
'A jouïr de mes feux on vous voit empreffés ;
Ils font les confidens des fecrets de vôtre ame ,
Sans eux ceux des amours fouvent feroient glacés.

Utile & méprifable, infenfible & brûlante,
Dans toutes les faifons on me voit bienfaifante ;
Jugez de la rigueur que j'éprouve en mon fort ,
Je m'enflâme pour vous , & ma flame eft ma
   mort.

***

CCCXIII.

J'Ai prefque autant de mains qu'en avoit Bria-
   rée ,
On me les faits fortir hors du corps chaque nuit;
Chacune de ces mains eft d'abord dévorée :
Mais avant qu'on les voye, on a d'un certain
   bruit
D'offemens craquetans les oreilles choquées ,
   Enfuite ces mains font croquées.

***

CCCXIV.

IRis cruelle & fiere autant qu'elle eft charmante,
  Ne diffimule point l'amour qu'elle a pour moi ,
Elle fe picque fort de conferver fa foi ,
   De n'avoir point l'humeur changeante.

   Cependant tout ce grand amour
   Dure pour moi rarement plus d'un jour ;
Son inégalité n'eft-elle pas extrême ?
Quoique jamais fon feu ne puiffe m'enflâmer.

   La bizarre qu'elle eft fait gloire de m'aimer ,
Elle fe fait honneur de me changer de même :
Mais comme rougiffant de fon efprit leger,
   Elle fe cache en me voulant changer.

C C C X V.

IL le faut avouer, mon destin est bien rude,
  Tous ceux que j'aide à s'élever
  Pour la plus basse servitude ;
  S'obstinent à me reserver.

De m'opprimer sans cesse ils ont pris l'habi-
    tude,
Cependant les plus grands dans leur haute splen-
    deur
Ne me peuvent nier sans quelque ingratitude ,
  Que je ne serve à leur grandeur.

  Des injures du tems je préserve une plante
Qui dans tous les climats est assez abondante ,
    Et dont l'usage est souverain ;
    Quoique l'odeur n'en soit gueres charmante.

  Elle se fait priser par sa vertu puissante,
    Qui soutient tout le genre humain ;
Pour suivre des François les manieres changean-
    tes ,
    Sous mille formes differentes,
Il a fallu chez eux fort souvent me ranger.

  Quoique par une loy qui paroît éternelle ,
      J'ai une regle naturelle
Qui devroit pour toujours m'empêcher de chan-
    ger ;
Il faut estre bien fou sans doute , ou bien austere ,
Pour croire que sans moi l'on pût couler ses
    jours.

Pourtant , si Plutarque est sincere ,
Des Sages , des *Héros* ont eu cette chimere ;
De refuser mon utile secours ,
Cette belle manie est maintenant cessée.

Et tout homme aujourd'hui par la commune
loy ,
Passeroit pour avoir la cervelle blessée,
S'il vouloit se passer de moi.

CCCXVI.

Notre nombre est celui des Danaïdes ,
Le pere & la mere compris ;
Ces filles ne pouvoient remplir leurs tonneaux
vuides ,
Aussi ne pouvons-nous contenter les esprits.

On nous separe en diverses familles ,
Chaque maître a sa femme , & n'a qu'un servi-
teur ;
Ces femmes qui ne sont ni belles ni gentilles,
En veulent plus à la bourse qu'au cœur.

Nous marchons tantôt deux , tantôt trois,
tantôt quatre ,
L'ordre à nôtre retour est rarement gardé ;
Quand on nous voit ensemble , on commence à
nous battre ,
Et par là de plusieurs le sort est décidé.

CCCXVII.

NOus sommes deux jumeaux d'une matiere
        dure
Qui faisons l'un sans l'autre une triste figure ;
Dans l'horreur de l'Hiver on ne peut nous quit-
        ter,
En Eté rarement on vient nous visiter.

    Un élément ingrat travaille à nous détruire,
Il tourmente nos pieds, & par eux il respire ;
En tout tems on nous fait porter les meilleurs
        mets :
Mais nous sommes discrets, nous n'y touchons ja-
        mais.

CCCXVIII.

JE ne parois aux yeux que comme un excrement ;
    Quoique l'unique enfant du premier élément ;
Cependant la vertu qui me rend fort utile,
Fait que l'on me recueille aux champs, comme
        à la ville.

    L'Hiver je multiplie, ainsi qu'aux bons repas,
        Soit que l'on fasse maigre ou gras ;
        Si je commence le Carême,
        Je ne l'acheve pas de même.

CCCXIX.

CCCXIX.

IL n'eſt permis qu'à deux rivales
    Qui ſont parfaitement égales,
De ſe battre ſur moi toujours impunément ;
    J'ai coups de bâton fréquemment ;
Inceſſamment ſur moi l'on paſſe & l'on repaſſe,
    J'ai mes précipices, mes bords :
    Mais nonobſtant cette diſgrace,
Dans toutes les ſaiſons ſans eſtre diapré,
    Je ſuis toujours verd comme un pré.

CCCXX.

LEcteur, pourras-tu bien deviner mon eſſence?
    Je ſuis, le croiroit-on, & ſans ame & ſans
        corps ;
Et c'eſt moi qui de tout donne l'intelligence,
L'on me fait voir le jour par de ſubtils reſſorts.

    J'ai dans tous les Palais la plus noble ſéance,
Par le ſecours du bruit je produis mes tréſors ;
Mon ennemi mortel eſt le triſte ſilence,
Et ſans force ſouvent je dompte les plus forts.

    Aux humains tous les jours je rends mille ſervi-
        ces,
Le ſexe fait de moi ſes plus cheres délices ;
Sans partage je ſuis en mille endroits divers.

    Vers le bien, vers le mal mon panchant eſt
        extrême,
Je naquis dès que l'homme habita l'Univers ;
Perſonne ne dira qui je ſuis que moi même.

I

CCCXXI.

JE donne un vif éclat au beau teint de Sylvie,
Je suis le doux lien qui joint l'ame & le corps;
    C'est moi qui rends les hommes forts:
Celui que j'abandonne, abandonne la vie.

Brun, gris, bleu, jaune & vert, thé, caffé,
    blanc & noir;
Tout change dans mon creux en couleur car-
    dinale,
    Quel prodige! rien ne m'égale;
Je dois pour me garder nuit & jour me mouvoir.

CCCXXII.

LA mere qui m'engendre est transformée en
    moi,
Je fais changer son nom, sa forme & sa figure;
    Cependant elle garde en soi
Et sa premiere essence, & sa même nature.

Je ne parois qu'un tems pour les gouts du vul-
    gaire,
Les plus riches Seigneurs me retirent chez eux;
Mais dans le même instant où je les rends heureux,
    Mon sort fragile comme verre
    Se dissipe à leurs yeux.

    Lecteur qui te mets en cervelle
    Pour apprendre ce que je suis,
    Sans te dire ce que je puis,
Crain de trouver mon nom dans le cœur de ta
    belle.

CCCXXIII.

J'Ai certains beaux jours dans l'année
Dont tout le monde fait état,
Et mon illustre destinée
Est d'y paroître avec éclat.

Je suis un tems dans le silence,
Pour ne pas dire dans l'oubli :
Mais quelle est ma magnificence,
Quand ce triste tems est fini !

Avec moi tout se renouvelle,
Tout reprend un air de gayté ;
Et ma voix alors est si belle,
Que chacun en est enchanté.

Il n'est Dévot, Prêtre, ni Moine
Qui ne brûle de m'écouter ;
Et le plus austere Chanoine
Rit alors qu'il m'entend chanter.

CCCXXIV.

J'Ai dans le cabinet des Rois
Part aux plus secretes affaires,
Et j'y couvre bien des mysteres
Qui sont pour leurs sujets d'inviolables loix.

Mon corps n'est rien qu'un composé
D'une infinité de parties,
Qui quoique sans rapport, & toutes desunies,
Reçoivent de la main un mouvement aisé.

Je n'ai jamais rien lû, ni jamais rien écrit,
Ainſi je n'ai ſcience ni lumiere :
Cependant le plus bel eſprit
Me fait ſur ſon travail repaſſer la derniere.

CCCXXV.

Tout le monde ſe ſert de moi
Excepté les gens de réforme,
On m lie, on m'étreint pour me mettre en em-
ploi,
Sans trop s'embaraſſer de ce dont on me forme.

Quelquefois en effet je ſuis de taffetas,
De laine quelquefois, quelquefois de filaſſe ;
Jadis on me portoit trop bas,
La mode en plus haut lieu regle aujourd'hui ma
place.

Les belles avec art cherchent à me cacher,
L'Amant qui par faveur parvient à me toucher,
S'il n'eſt heureux déja, ſe croit bien preſt de l'être;
Cependant pour mieux me connoître,
Remarquez l'éclat de mon ſort.

Sçachez qu'un Roi qui porte une triple Cou-
ronne
Me cherit à tel point, me diſtingue ſi fort,
Que j'orne toujours ſa perſonne.

CCCXXVI.

Je ſuis un corps des plus gonflez,
Quoique ſec comme un hydropique ;

J'ai le dos & la taille antique,
J'ai deux yeux grands & noirs fur mon ventre
 placés.

Sans langue & fans bouche je crie,
Il me faut pour mon entretien
Des tripes de chat, ou de chien:
Cependant de manger je n'eus jamais envie.

Si l'on me flate en me touchant,
Je fuis d'une douceur charmante:
Mais fi l'ignorant me tourmente,
Pour lors j'obéïs en jurant.

Le tems par qui tout perd fon prix
Ne me rend que plus précieufe :
Ma vieilleffe m'eft glorieufe,
Et toujours à cent ans je valus plus qu'à fix.

CCCXXVII.

DAns le lieu le plus fombre
 J'étale mes beautés,
Sans y fouffrir d'autres clartés
Que celles dont mon feu fait voir une belle ombre.

Semblable à fes originaux,
Ce qui fort de mon fein imitant la peinture ;
Hommes, femmes, enfans, élemens, animaux,
Tout y paroît auffi grand que nature.

Plus leger que le vent,
Et de même impalpable ;
En un inftant je difparois fouvent,
Et mes vives couleurs font une belle fable.

I iij

Avec plaisir le curieux
Voit ce que je produis , & ma beauté l'enchante ,
Mais malgré mes vertus que cette Enigme vante ;
On ne sçauroit me voir sans détourner les yeux.

CCCXXVIII.

Sans aîles , sans pieds , & sans yeux ,
Je vais , je viens , je roule , il semble que je vole ,
Et que je vois bien clair allant droit en cent lieux.

Souvent je fais plaisir, quelquefois je désole :
Mes plus grands coups pourtant ne sont qu'en terre
    molle ;
Si l'on peut soutenir mon violent effort,
    Me relâchant pour lors de mon audace,
Sans perte de mes gens je défile & je passe ,
Ma plus grande vigueur n'estant que dans l'abord.

Je suis aveuglement les loix d'une Princesse,
Qui selon qu'il lui plaît m'éleve , ou me rabaisse,
Ainsi l'on me voit grand tour à tour , & petit.

Dans le premier état rompant souvent mon lit,
    Coucheur de dangereuse espece ,
Et plus bruyant ronfleur , plus je suis éveillé.

La raison qui me creuse en un moment s'éclipse,
    Et je suis un Apocalypse
    Qu'il coûte cher d'avoir fouillé.

CCCXXIX.

D'Etrange & bizarre attitude,
Je n'ai qu'un ventre & qu'un boyau;
Le plus pur élément diffout ma plénitude,
Richeffe du monde nouveau,
Delices du fiecle où nous fommes,
Je fais refpirer en repos,
L'Artifan, le Soldat, le Docteur, le Héros.
Charmant amufement de la plûpart des hommes,
D'ufage en tous les tems, & de guerre & de paix;
D'ufage en tous les lieux, fur la Terre & fur
l'Onde:
Mais tandis que je regne aux Taudis, au Palais,
Rien ne repréfenta jamais
Si naturellement les vanitez du monde.

CCCXXX.

JE fuis d'une figure ronde,
Par le cul, la tête, & le corps;
A voix haute on m'annonce au monde,
Et les foirs fans jambes je fors.

Comme j'affecte d'être rond,
Mon corps ne fe remplit que de matiere ronde;
Quand on me vuide fur un rond,
Je fais le plaifir d'une ronde.

Je fuis du chagrin le tombeau,
Je fais rire dans la mifere;
Et lorfque le fort eft contraire,
Le malheureux chante le pied dans l'eau.

CCCXXXI.

JE suis jeune, & suis vieux, car le tems est mon
	pere,
Aujourd'hui je suis doux, le lendemain mauvais;
On me vend & revend, je ne sçais pas, je sçais;
Je ne suis bon à rien, & je suis necessaire.
Mon corps est bien souvent plûtôt mince qu'épais,
	Quoique je sois carré de taille;
Je porte un habit bleu, je meurs quand je renais,
	Et je ne suis & ne serai jamais
	Annoncé que par la canaille.

CCCXXXII.

ON trouve peu d'honnêtes gens,
S'ils ne sont accablés sous le poids de leurs ans,
	A qui je ne rende service;
	Je ne sçais par quelle raison,
	Ils ont cependant l'injustice
De me faire souffrir une étroite prison.

	Quoique mon corps soit foible & mince,
	Je suis utile au plus grand Prince;
	Soir & matin de son Palais
Je nettoye avec art toutes les avenues,
	Que mille choses superflues
	Pourroient faire sentir mauvais.

	Lorsque fait pour un double usage,
Mes deux bouts ont chacun leur different emploi;
	J'ai souvent l'oreille du Roi,
Sans que ses favoris en prennent de l'ombrage.

CCCXXXIII.

Tortu, vilain, cornu, quand je sors lentement,
    Des enfans & des sots je fais l'amusement;
Je ne suis ni poisson, chair, ni fruit; mais sur
    table
L'on me sert quelquefois comme un mets souhai-
    table.

    Dans la belle saison je porte mon Château,
Dont pendant les frimats j'avois fait mon tom-
    beau;
Marchant sans pieds, grimpant sans mains, &
    sans échelle,
Je déclare à Pomone une guerre cruelle.

    Je désole Bacchus: mais pour mon châtiment
Sous la ruïne enfin de mon propre édifice,
Je me vois accablé malencontreusement,
Par caprice ou hazard, ou vengeance ou justice.

CCCXXXIV.

D'Une triple prison je me trouve enfermé,
    Dès le premier moment que je reçois la vie;
Il faut pour en sortir que ma mere asservie
Passe sous le tranchant d'un homme bien armé.

    Petit pendant ma vie, ainsi qu'en ma naissance,
La nature me donne une telle puissance,
    Que je peux produire un géant.

    Il l'est à mon égard, quand il a reçû l'être,
                    L v

Et quoiqu'il foit mon fils par un retour chan-
          geant,
Chaque an dedans fes bras on croit me recon-
          noître.

          Je blanchis dès mes premiers jours,
          Et noircis quand j'avance en âge ;
Il faut que je le fois pour me mettre en ufage.

     En vain auparavant on cherche mon fecours,
          M'arrachant des bras de mon pere
Eftant encor caché dans le fein de ma mere.

CCCXXXV.

QUoique mon fecours foit vulgaire,
     Il n'en eft pas moins falutaire ;
Celui qui me vifite en mon appartement
Eft fort fûr d'y trouver quelque foulagement :
Et ce que l'on fçait être un devoir neceffaire,
Commodément par tout fans moi ne fe peut faire.

     Chez l'un & l'autre fexe on me croit fi difcret,
          Que je fuis le dépofitaire
          De ce qu'ils ont de plus fecret :
          Auffi fçais-je fi bien me taire,
     Qu'on me peut furement confier fon affaire,
          Sans en avoir aucun regret.

     Tel qui le plus m'abhorre, & fuit mon voifi-
          nage,
          Ne peut me refufer l'hommage
          Que l'on doit me rendre ; & pourquoi.
          Nature qui paroît fi fage
          A t-elle impofé cette loy ?
Confultez Hypocrate, il le fçait mieux que moi.

CCCXXXVI.

S Ecourable au befoin , je confervai jadis
Et ton pere , & celui de tout ce qui refpire :
Mais foumis aux rigueurs d'un tyrannique empire,
Souvent je fais périr celui par qui je fuis.

J'apporte tour à tour les chagrins , & la joie ;
Et fi j'ai quelquefois enrichi des pays,
J'ai caufé tous les maux de Colchos & de Troie ,
De mes yeux meurtriers, quand je veux innocens,
J'annonce la Paix ou la Guerre.

Tres-folide enfant de la Terre ,
Quand il plaît à deux infolens,
Je fuis brifé comme du verre ;
Guidé par la vertu d'un caillou curieux,
Sans ailes & fans pieds je vais de plage en plage ;
Faifant fervir à mon ufage
Le feu , la terre , & l'air , & la mer , & les
cieux.

La fçience la plus profonde ,
Malgré fes beaux raifonnemens
Tombée en des égaremens ,
Sans moi ne fçauroit rien encor de l'autre monde.

CCCXXXVII.

J E fuis communément d'une figure ronde ,
Chacun fe picque aujourd'hui dans le monde
De me parer fort richement ,
Bien que l'on me perde aifément.

Je fuis commun par tout & dans chaque Pro-
   vince ,
      Je fers les petits & les grands ;
      J'occupe de femblables rangs
      Chez l'Artifan & chez le Prince.

      Une dure néceffité
Veut qu'on m'attache, & pour furcroit de peine
      Une compagne qui me gêne
      Augmente ma captivité,
      Plus dans l'Hyver que dans l'Efté.

      Vous qui ne pouvez me connoître
      Par ce récit de mon emploi,
Sçachez que bien fouvent pour attaquer mon
   maître,
D'un air audacieux on met la main fur moi.

CCCXXXVIII.

Uoique je fois enfant du bruit,
   J'aime le filence & la nuit ;
Je dormirois toujours, fi l'on me laiffoit faire :
Mais peu fenfible à tout ce qui n'eft pas mon pere ,
A peine jufqu'à moi font parvenus fes cris.

      Que tout auffitôt je fremis ,
      Comme lui je me defefpere ;
      Ou comme lui je chante & ris
      De ma complaifance infinie.

      Il ne faut point être furpris ,
      C'eft lui qui me donne la vie ;
      Qui me fournit ce que je dis ,
      Qui ranime mon froid génie.

Qui m'apprend les accords d'une douce harmo-
   nie,
Et je ne suis enfin qu'autant que j'obéis;
J'affecte volontiers les lieux qu'on abandonne,
Les forêts, les rochers, & les châteaux deserts,
D'où quand mon pere veut je flotte dans les airs.

Solitaire & discret je n'attaque personne,
    Quand on m'agasse, je resonne
Sur un ton aussi haut qu'on le prend avec moi;
Et de fiers Bataillons en ont pâli d'effroi.

Jamais l'œil d'un mortel n'a pu voir ma fi-
   gure,
    Et je suis de telle nature,
Qu'en vain pour me nommer tu ferois mille ef-
   forts,
Si mon nom n'estoit pas plus connu que mon
   corps.

C C C X X X I X.

NEz d'un pere commun, peuteftre en même
   jour,
Nous sommes trente deux, tous fort beaux, faits
   au tour;
Sous deux chefs differens nous faisons deux Ar-
   mées
En habit uniforme, au combat animées.

Quoiqu'ennemis mortels, il n'est point de
   faison,
Où nous ne couchions tous en la même maison;
Nous y vivons en paix : mais nous n'en sortons
   guere,
Que pour nous déclarer une cruelle guerre.

Celui qui nous commande est tantfoit peu pol-
    tron,
Auffitôt qu'on l'attaque fe met un plaftron;
La Princeffe au contraire, ainfi qu'une Amazone,
Aux périls les plus grands expofe fa perfonne ;
Au fort de la mêlée un courageux Soldat,
Souvent change de fexe & gagne le combat.

C C C X L.

MA figure eft pyramidale,
Au corail le plus vif ma couleur eft égale ;
Quoique petit de corps je me picque d'honneur,
    Et de nobleffe & de grandeur.

Souvent je ne fuis point ce que je veux paroître,
    Je fuis difficile à conroître ;
Et tel parle de moi qui ne me connoît pas.

        Je fuis par tout fi neceffaire,
Que fans moi dans le monde & parmi les combats,
Il n'eft point d'honnête homme, & de vaillans
    foldats.

Lorfque je veux parler, mon langage eft fincere,
Mais je fuis quelquefois fujet au changement ;
On m'aime, on me conferve, & ma vie eft fort
    chere.

Je ne puis fubfifter que par le mouvement,
    Le froid m'eft tout à fait contraire ;
    Et je péris au moindre attouchement.

CCCXLI.

UN nombre impair joint quatre fois ,
  Vous apprendra combien nous sommes ;
Nous servons de défense & d'ornement aux hom-
    mes ,
  Ainsi qu'aux habitans des bois.

    Nous souffrons sans murmure
Qu'un double fer taille nôtre figure;
  Quoique nous soyons transparans ,
Nous sommes rarement sans de petits points
    blancs;
Quant à nôtre couleur , c'est le sang qui la donne.

  Nous avons tres - souvent un demi cercle noir ,
    Qui n'est pas agréable à voir ,
    Que difficilement aux galans on pardonne :
    On craint souvent nôtre pouvoir ,
Quand on est aimé d'un cruel desespoir.

  Et l'on voit des Amans porter sur leurs visages.
    Des traits sanglans de nos outrages :
Enfin pour achever de peindre nôtre sort ,
  Nous croissons même après la mort.

CCCXLII.

DE mes cruels enfans mere trop charitable ,
  Je les fournis abondamment
  De vivres & de vestement ,
Par un amour pour eux à nul autre semblable :
Mais ces dénaturés loin de me respecter ,

Oublians mes bienfaits avec ingratitude,
Ne mettent toute leur étude
Qu'à m'infulter.

Sans fonger que c'eft moi dont ils ont pris naif-
fance,
Ils me foulent aux pieds,
Violant avec infolence
Les droits les plus facrés.

Ainfi rendant peu de juftice
Aux foins que j'ai pris d'eux, même dès le berceau,
Ils creufent dans mon fein un affreux précipice ;
Après avoir été leur mere & leur nourrice,
Je deviens leur tombeau.

CCCXLIII.

NOus fommes quatre enfans auffi vieux que
le monde,
Qui dans un vafte lieu d'une figure ronde,
Bâti fans aucuns fondemens
Occupons quatre appartemens,
A quatre differens étages,
Où le pere commun en faifant nos partages
Nous mit après qu'il nous eut faits,
Pour furprendre l'effet d'une mortelle guerre,
Capable de confondre & le Ciel & la Terre.

Nous jouiffons des douceurs de la paix,
Quoique fouvent prefts à nous battre ;
Mille & mille fujets nous renfermons tous quatre,
Ce n'eft que par nos bons accords
Que fubfiftent les plus beaux corps.

Ils font tous compofés du nôtre,

Et si quelqu'un de nous devient plus fort que
    l'autre,
Dans la haute, moyenne, ou basse région,
Par de funestes coups que l'on ne peut com-
    prendre,
Nos ouvrages détruits & retournés en cendre
Nous reprochent bientôt nôtre desunion.

CCCXLIV.

NOus sommes nombre impair de gaillardes
    femelles,
    Propres sœurs & jumelles,
    Qu'à toute heure on peut voir
    Changer du blanc au noir.

    Nôtre mere, ou maîtresse, est docte & sans
    cervelle ;
    Elle est sage & folle souvent,
Nous faisant prendre en l'air un vol hardi sans
    aile,
    Et girouetter à tout vent.

    Dans une union mutuelle
    Nous nous marions entre nous,
    Nos compagnes sont nos époux ;
Et chacune de nous peut passer pour pucelle.

    Si depuis quatre ou cinq mille ans
L'on nous entend chanter de ruelle en ruelle
    Le doux martyre des Amans ;
C'est qu'ils n'ont point cessé de nous être fideles.

CCCXLV.

JE fais quand je travaille un penible exercice ,
Je monte & je descends, & voici mon supplice,
  Quand je suis descendu
  Je me trouve pendu.

Je prens cent fois le jour cette triste posture,
  Au commencement je suis nud :
  Mais en revanche plus j'endure,
  Et mieux je me trouve vêtu.

  Je travaille à faire la corde
  A laquelle ensuite on me pend ;
Si j'aide à ce travail , le secours que j'accorde
  Me rend plus gros & plus pesant.

CCCXLVI.

CElui qui créa tout ne me fit pourtant point ,
Et l'homme cet ouvrage accompli de tout
  point ,
N'égale pas encor mon ancienne naissance.

Je suis avec le pauvre ainsi qu'avec le Roi ,
Aveugle je les suis avec grande assurance ;
  Sans qu'ils s'embarassent de moi.

Quoique je sois sans yeux je donne des lumieres
Ausquelles les sçavans ont tres-souvent recours ,
  Leur estant necessaires
  Pour bien regler leurs jours.

CCCXLVII.

Es-tu Docteur ? je vais éprouver ton ſçavoir,
    En plein midi ton œil ne me peut voir :
Mais tu me vois fort bien, dès que tu ne vois
    goute ;
Hé bien dans ce cahos trouve - tu quelque route ?

CCCXLVIII.

On n'attend pas de moi de fort grandes mer-
    veilles,
Quoique mon âge ſoit le jouet des humains ;
J'ai pour le moins quatre yeux, & plus de deux
    oreilles,
Et je prens hardiment mes jambes dans mes mains.

CCCXLIX.

Mon corps eſt fort brillant, mon regard eſt
    fatal,
J'opprime l'innocence auſſi bien que le crime ;
Un courage étranger me ſoutient & m'anime,
Je me fais admirer lorſque je fais du mal.

On ſe mocque de moi ſi j'ai mon pucelage,
Et quand je l'ai perdu je reçois de l'honneur ;
L'on me met en priſon pour me rendre plus ſage,
Et je fais quelquefois moins de mal que de peur.

L'éclat de ma beauté frappe d'abord la vûe,
Je veux qu'un bras hardi me tienne avec roideur ;
Pour se servir de moi l'on me met toute nue,
Et lorsque j'en rougis, ce n'est pas de pudeur.

CCCL.

DAns l'élevation que mon être me donne,
Je suis dans l'air, jamais je ne rampe ici-bas ;
Et sans avoir d'esprit, ce qu'on ne croiroit pas,
J'ai pourtant mes degrez & mon rang en Sorbonne.

Mon naturel est dur, j'éclate quand j'ordonne,
Je vas, & je reviens aussitôt sur mes pas ;
Sans me lasser jamais, je rends les autres las :
Qu'on me laisse en repos, je n'étourdis personne.

Toujours la bouche ouverte avec ma voix de
    fer,
Sur de joieux sujets on m'entend triompher ;
Suis-je triste ? j'inspire une douleur profonde.

Quoique je parle assez, je ne dis ouy ni non,
Mon éclat est puissant pour attirer le monde ;
Je porte à ma ceinture & mon âge & mon nom.

CCCLI.

MOn corps n'est composé que de longues aré-
    tes,
Et je n'eus de tout tems que la peau sur les os ;
Je brille en compagnie & sans aucun repos,
Dans le fort de l'Eté je suis de toutes fêtes.

Par un petit effort je cause un doux plaisir,
Et dans plusieurs replis tout mon corps se rassem-
  ble :
Mes os par un seul nerf se tiennent tous ensemble,
Et sans les séparer on peut les desunir.

Sans avoir du serpent la prudence en partage,
Comme lui quelquefois je puis changer de peau ;
Et presentant aux yeux un nouvel étalage,
L'on ne me connoit plus, tant je parois nouveau.

CCCLII.

Sans me vanter plus qu'il est nécessaire,
Du beau sexe je suis celle qui sçait mieux plaire ;
    Et l'interieur de mon corps
  Plaît plus encor que le dehors.

Quand l'art ingénieux d'une riche structure
    L'a paré d'une mignature,
    Parmi les gens de qualité,
Comme par tout ailleurs, je fais quelque figure.

Je tiens fort bien mon rang dans la societé ;
Et quoique je ne sois ni sensible ni tendre,
    De mes Amans je contente l'ardeur,
    Pour eux je me laisse répandre,
      Sans être moins en bonne odeur ;
Et quoiqu'à tous venans mon cœur se laisse
  prendre,
Je ne risque jamais de perdre mon honneur.

CCCLIII.

JE n'ai ni mains , ni pieds , ni tête ,
Je ne suis volatile , arbre , poisson, ni fleur ;
    Et cependant j'ai de l'odeur ,
De l'humeur, de la chair , aussi-bien qu'une
    bête.

    De l'écorce & de la couleur,
        Je suis du nombre des reptiles ,
Et bien souvent j'impose aux yeux des plus habi-
    les ;
    On n'a pas lieu de craindre mon venin.

On me voit dans mon tems des premiers au
    festin ;
    Mais après tout , mon malheur est extrême ;
        Croiroit-on que celui qui m'aime
        Ne fait point de difficulté
        Pour contenter sa volupté ,
De mettre contre moi par un sensible outrage
        Le fer & l'acier en usage ?

CCCLIV.

JE ne dois rien à la nature ,
L'art a déterminé ma forme & ma figure ;
    Avec moins d'esprit que de corps ,
Je fais plaisir au peuple , & rends service aux sa-
    ges ;
        Comme Janus j'ai deux visages ,

L'air est mon élément , & je couche dehors;
Quelquefois au village , & toujours à la ville:
    Nuit & jour en toute saison
    Je ne quitte point la maison
    Où j'ai fixé mon domicile.

      Bien que difficile à toucher ,
J'ai des amis par tout en Province , à la guerre ;
    Et des quatres coins de la terre ,
Au seul bruit de mon nom l'on m'est venu cher-
    cher .

C C C L V.

O N ne sçauroit nombrer mes freres & mes
    sœurs ,
    Tant il s'en trouve dans le monde ;
Je procure aux mortels mille & mille douceurs,
Que je porte sur terre & j'apporte sur l'onde.

    Quoique sensible à la froidure
    Pendant l'Hyver je suis tout nud ,
    Et par ma bizarre nature
J'attends pour me vêtir que le chaud soit venu.

Ma livrée est pour l'un un titre respectable ,
    Et pour l'autre ignominieux ;
    Le cordon en est honorable,
    Le bonnet en est odieux.

amais tant que je vis, je ne chante & ne danse
    Mais le caprice de mon sort
    Veut que quelquefois en cadence
    Je chante & danse après ma mort.

CCCLVI.

JE contiens celui qui porte
    Celle qui contient celui,
Dont la structure peu forte
Porte pourtant dès aujourd'hui
    Celle qui contient celui
Qui portera plus loin qu'aucun mousquet ne
    porte.

CCCLVII.

JE tire de loin ma naissance,
Il n'est usage ici plus commun que le mien ;
Je porte toujours mon lien,
Et chacun connoît ma puissance.

    Je sers au Temple du Seigneur,
    A la pompe des funerailles ;
    Le triomphe d'un Roi vainqueur
    Vient de gagner des batailles.

    Ma matiere est d'assez grand prix,
    Bien que pour moi l'on n'ait point de mépris,
Un seul jour de l'année on suspend mon usage,
Les suivans on me fait travailler davantage.

    J'habite un lieu fort élevé,
    L'Hyver & l'Esté je suis nue :
    Et sans avoir jamais péché,
    Mon sort veut que je sois pendue.

CCCLVIII.

CCCLVIII.

C'Eſt par moi que finit & le calme & l'orage,
C'eſt par moi que finit un cruel eſclavage ;
Peſez ici les mots, ne vous y trompez pas,
C'eſt ſur moi que dans un repas
On s'enyvre en diſant merveilles.
L'ardente ſoif me prend en vuidant les bouteil-
les,
Nul ne me voit, chacun m'attend ;
Les chiens prennent le lievre, & le lievre me
prend.

Dans le plaiſir je ſuis afreuſe,
Et charmante dans la douleur ;
Dans le malheur très-pareſſeuſe,
Diligente dans le honheur :
Enfin pour les mortels trop prompte, ou trop
tardive,
Avec la mort toujours j'arrive.

CCCLIX.

CHez moi pour mes voiſins je fais bouillir le
pot,
A ce métier je me ruine ;
Quelqu'un d'eux cependant m'avance ſon écot
En travaillant pour la cuiſine.
Entre eux eſt certaine voiſine,
Chut, trop parler lui nuit : avec cette coquine
L'on me confond aſſez ſouvent.
Je l'entretiens dès ſa jeuneſſe,

De son sexe elle a la foiblesse ;
Et quand elle fait mal, c'est à moi qu'on s'en prend.

C C C L X.

EFfet de la simple nature,
Et quelquefois fils du hazard ;
Né souvent dans le sein de l'art,
Mon pouvoir & mon prix sont tous deux sans me-
sure.

Par moi l'œil est séduit, l'esprit est enchanté ;
Par moi plus d'un défaut est un défaut aimable :
Et plus bizarre qu'équitable,
Je donne à la laideur le pas sur la beauté.

Je suis également à la brune, à la blonde,
Je suis majestueux, délicat, simple, adroit,
Je suis du goût de tout le monde :
Mais ne m'a pas qui le voudroit.

Il n'est point sans moi d'art de plaire,
Des esprits & des cœurs je forme les liens ;
Les Graces n'ont point d'autre pere,
Et l'Amour n'eut jamais d'autres traits que les
miens.

Des passions ressort habile
Je fais craindre, esperer, je fais aimer, haïr ;
De la fortune vrai mobile,
Je puis combler vos vœux, & je puis les trahir.

Pour me définir mieux, qu'ajouterois-je encore ?
Mon nom ne m'explique pas bien,
Mon être est ce que l'on ignore ;
Si l'on me connoissoit, je ne serois plus rien.

CCCLXI.

OU pesant , ou leger dans mon individu ,
Art , ou nature me fabrique ;
Pesant, cuit au four, ou fondu ,
Je sers au Bourgeois magnifique:
Leger , coupé , sec , & battu ,
Je sers à mulet & bourrique :
Pesant , rangé , bien suspendu ,
Je sers aux faiseurs de musique :
Leger , taillé, noirci, fendu,
Je sers ès finance & pratique.

CCCLXII.

LOgés auprès du toit d'une haute maison,
Nous craignons le grand vent , le soleil , la
    fumée ;
Par nous on vit jadis mainte guerre allumée ,
Nous faisons des captifs sans sortir de prison.

   Nous sçavons distiler le plus subtil poison,
Instrumens de terreur, de courroux , de foi-
    blesse ,
Nous employons pour vaincre & la force & l'a-
    dresse ,
Et certaine liqueur qui trouble la raison.

   Nous sçavons ménager menaces & caresses,
Bien servir , ou trahir nos maîtres & maîtresses ;
Plus d'un homme en courroux nous appella men-
    teurs.

Nous mentions moins, hélas! au vieux tems
    de nos peres,
La nature nous fit ingenus & finceres,
Et ce n'eft que part art qu'on nous rend impof-
    teurs.

CCCLXIII.

L'Autre jour un berger charmant
    Auprès d'un bois me vit couchée,
Il s'approcha de moi, bientôt j'en fus touchée;
    Expliquez ce mot fagement.

    Car ici ma vertu ne fut point furmontée,
Au contraire elle fut d'autant plus augmentée,
    Qu'il me preffa plus fortement;
    Comment s'y prit ce tendre Amant!

    Il avoit une voix forte, doûce, & flexible,
D'abord fans m'ébranler il chanta fon amour:
Mais enfin il fit tant que j'y parus fenfible,
Il m'entendit chanter tendrement à mon tour.

    Déja d'accord tous deux, ô cruelle avanture!
Je ne fçai quel démon contraire à fon defir,
Rompit des nœuds, hélas! après cette rupture,
    Adieu tendreffe, adieu plaifir.

CCCLXIV.

Je te prens par le nez incorrigible yvrogne,
    Et par mainte tentation
    Je fuis prochaine occafion
D'un péché qui rougit ta trogne,

Tu ne me connois bien qu'en joüiffant de moi ,
Je fuis une Enigme pour toi ;
Pour le lecteur auffi je crains qu'il ne devine
Que je fuis la liqueur divine.

Je fuis comme le vin fouvent pernicieux ,
Pour être trop délicieux ;
Dans un Palais de verre ainfi que lui j'habite,
Par ma couleur vermeille ainfi que lui j'invite.

Mais n'eftant pas une liqueur ,
Et n'ayant pas en moi cette vive chaleur
Qui ranime fouvent les ardeurs d'un cœur tendre,
Je ne fuis pas le vin , l'on ne peut s'y méprendre.

CCCLXV.

MA froideur eft fans borne avec mes ennemis,
J'ai de l'ardeur pour mes amis ;
C'eft pour eux feuls que je refpire,
Je les entretiens fans rien dire.

Je foulage leurs maux , je calme leurs ennuis ,
Je m'étonne qu'eftant auffi peu que je fuis ;
J'occupe tant de bonnes têtes ,
Tel qui fit de grandes conquêtes
Dans l'efprit qui m'anime a puifé fon confeil.

Tel s'endort avec moi la cervelle troublée,
Qu'on trouve fage à fon reveil ;
Et tel dans certaine affemblée
Sur table me voyant doublée & quadruplée ,
Pour me mieux deviner me touchant de la main,
Reve à moi jufqu'au lendemain.

CCCLXVI.

JE suis né prisonnier, petit & méprisable,
Souvent de mes prisons l'on me delivre à table ;
J'engendre des enfans prisonniers comme moi ,
          Et je porte le nom d'un Roi.
J'enferme dans mon sein l'image de mon pere ,
Je ne suis point le Dieu de l'Isle de Cythere ;
          J'habite pourtant dans les cœurs :
          Ici mortels versez des pleurs ,
Un de mes logemens a tué vôtre mere ,
          Et vous causa bien des malheurs.

CCCLXVII.

LOrsque par de justes liens
On sçait unir à moi celui qui me ressemble ;
          Nous ne faisons plus qu'un ensemble ,
Je vois tout par ses yeux , il voit tout par les
          miens :
Si je lui fais tenir quelque discours frivole,
En revanche je sçais lui couper la parole.

CCCLXVIII.

LOrsque je fais mon exercice,
Je rends l'homme muet , j'en fais un Jacque-
          mart ;
Dès qu'il est au carcan je le mets au supplice ,
          Pour peu que je fasse un écart.

Malheur à l'avare vieillard
Qui lui même se martirise,
Et qui sur lui me donne prise,
Pour frustrer de ses droits mon adroit Gouver-
neur.

A d'autres vieux je fais honneur,
En cachant un peu de leur âge ;
J'ai quelquefois servi la rage,
Et par des coups adroits j'ai servi la pitié.

Je prends par fois aussi les hommes par le pié,
Leur faisant faire la grimace,
Tant mieux pour qui je cours toujours legere-
ment ;
Car dans la route que je trace,
Nul ne m'arrête impunément.

CCCLXIX.

J'Habite une solide & vivante maison,
Lorsqu'on m'a tiré de prison ;
Gens qu'on appelle oisifs me mettent à la chaine,
Le fer qui m'a percé le flanc
Ne me sçauroit tirer du sang,
Quoique le sang sous moi coule en plus d'une
veine.
Mon œil brulant & mon teint vif
M'attireroient l'amour d'un corsaire, d'un Juif.

Lorsque de deux beaux yeux tu vois couler des
larmes,
Amant souvien-toi de mes charmes :
Mais s'en souvienne qui voudra,
Quelque mauvais Poëte au moins s'en souvien-
dra.

X iiij

CCCLXX.

D'Une mere fort belle estant la laide fille,
    Sans ourler, coudre, ni broder,
    Je sçais rendre utile une aiguille
A ceux qui fixement viennent me regarder.
Gens reglés prennent soin d'observer ma conduite,
Rendez-vous amoureux vient pourtant à la suite
    D'aucuns regards que l'on jette sur moi,
Mon aspect fort souvent a causé de l'effroi,
Je dessigne à merveille, & je ne sçaurois peindre :
    Mais sans teinture je sçais teindre.

CCCLXXI.

L'Oisiveté de ma maîtresse
Conserve ma coeffure & repose mon corps ;
    Quand on m'a mis la jambe en presse,
    Ma tête est tournée en dehors :
    C'est alors que j'ai bonne grace,
Et qu'on fait à mes pieds des tours de passe passe.

    Telle reveuse au minois soucieux
    En détournant de moi les yeux,
Quoique toujours pour moi sa main soit occupée,
Et que son plaisir soit de me voir bien hupée,
Regarde fixement mon petit compagnon
    Qu'à mes dépens elle remplume ;
    J'en gagnerois le rhume,
    Quand il m'arrache mon tignon,

Si mon temperament étoit plus flegmatique :
Mais du serein je m'inquiete peu ;
Mon corps que la mort fit étique,
Ne craint que le fer & le feu.

CCCLXXII.

JE suis d'abord un premier Element,
Puis engendré d'un second Element ;
En naissant je crains fort un troisiéme Element ;
Je crains ensuite aussi ce second Element,
Qui métamorphosa mon premier Element :
Mais un quatriéme Element
Peut me défendre un peu du second Element.
Une Enigme toujours rimant en Element,
De la rime n'a pas le premier Element :
Mais l'obscurité fait le premier Element
Des Enigmes ; ainsi malgré tant d'Elemens
Les devineurs ici sont dans leur Element.

CCCLXXIII.

DAns une espece de cercueil,
Mais qui n'est pourtant point desagreable à l'œil,
Je suis le plus souvent couchée :
Mais ordinairement quand j'en suis détachée,
Mes bras croisés en s'étendant,
Et tôt après en se joignant,
A l'obscurité font la guerre ;
Je pince, je mords, & je serre :
Et quoique ce ne soit presque qu'en badinant,
Ma morsure en noirceur se tourne incontinent.

FIN.

K.v.

TABLE

Des Enigmes contenues dans ce
Recueil.

Fin de la Table des Enigmes.

APPROBATION.

J'AY leu par ordre de Monseigneur le Chancelier un manuscrit qui a pour titre *Recueil des Enigmes les plus curieuses de ce Tems*, avec une Epitre en Vers, à Madame la Duchesse de Berry, & un Avertissement ; les lectures ou les études sérieuses ne sont pas faites pour tout le monde; il en faut de legeres & d'enjouées, ou pour amuser l'esprit ou pour le delasser ; l'on doit sçavoir gré à l'Autheur de ce Nouveau Recueil, ou la plûpart des Enigmes qu'il contient ne laissent pas d'avoir leur sel & leur agrément. Fait ce vingt-deux Juillet 1715.

MOREAU DE MAUTOUR.

PRIVILEGE DU ROY.

LOUIS par la grace de Dieu Roy de France, & de Navarre, à nos amez & féaux & Conseillers les Gens tenans nos Cours de Parlement, Maîtres des Requêtes ordinaires de notre Hôtel, Grand Conseil, Prévôt de Paris, Baillifs, Sénéchaux, leurs Lieutenans Civils & autres nos Justiciers qu'il appartiendra SALUT : Notre bien amé NICOLAS LE GRAS Libraire à Paris, Nous ayant fait exposer qu'il souhaiteroit faire imprimer un Livre intitulé, *Recueil des Enigmes les plus curieuses de ce Tems*, & donner au Public, s'il nous plaisoit lui accorder nos Lettres de Privilege pour la Ville de Paris seulement. Nous avons permis & permettons par ces Présentes audit le Gras de faire imprimer ledit Livre en telle forme , marge, caractere & autant de fois que bon lui semblera, & de le vendre , faire vendre & débiter par tout notre Royaume , pendant le temps de cinq années consecutives , à compter du jour de la date desdites

Présentes. Faisons défenses à toutes sortes de personnes
de quelque qualité & condition qu'elles soient, d'en
introduire d'impression étrangère dans aucun lieu de
notre obéissance; & à tous Imprimeurs Libraires, & au-
tres dans la dite Ville de Paris seulement, d'imprimer
ou faire imprimer ledit Livre, & d'y en faire venir,
vendre & débiter d'autre impression que de celle qui
aura esté faite pour ledit Exposant, sous peine de con-
fiscation des exemplaires contrefaits, de mille livres
d'amende contre chacun des contrevenans, dont un tiers
à Nous, un tiers à l'Hôtel Dieu de Paris, l'autre tiers
à l'Exposant; & de tous dépens, dommages, & interests:
A la charge que ces Présentes seront enregistrées tout au
long sur le Registre de la Communauté des Impri-
meurs & Libraires de Paris, & ce dans trois mois
de la date d'icelles; Que l'impression dudit Livre
sera faite dans notre Royaume & non ailleurs, en
bon papier & en beaux caracteres, conformément aux
Reglemens de la Librairie; & qu'avant que de l'ex-
poser en vente il en sera mis deux Exemplaires dans no-
tre Bibliotheque publique, un dans celle de notre
Château du Louvre, & un dans celle de notre
trés-cher & féal Chevalier Chancelier de France le
Sieur Voysin, Commandeur de nos Ordres; le tout à
peine de nullité des Présentes: Du contenu desquelles
Vous mandons & enjoignons de faire jouir l'Exposant
ou ses Ayans cause, pleinement & paisiblement, sans
souffrir qu'il leur soit fait aucun trouble ou empé-
chément: Voulons qu'à la Copie desdites Présentes
qui sera imprimée au commencement ou à la fin dudit
Livre, soit tenue pour deuement signifiée, & qu'aux
Copies collationnées par l'un de nos amez & feaux
Conseillers & Secretaires foi soit ajoûtée comme à l'O-
riginal. Commandons au premier notre Huissier ou
Sergent de faire pour l'execution d'icelles tous Actes,
requis & nécessaires, sans demander autre permission,
nonobstant Clameur de Haro, Chartre Normande, &
Lettres à ce contraires: Car tel est notre plaisir.
DONNE' à Versailles, le septiéme jour du mois d'Aout,
l'an de grace mil sept cens quinze, & de notre Regne
le soixante-treiziéme. Par le Roy en son Conseil,

FOUQUET.

Registré sur le Registre, numero 3. de la Communauté des Li-
braires & Imprimeurs de Paris, page 576. numero 1282. con-
formément aux Reglemens, & notamment à l'Arrest du Con-
seil, du 13. Aoust 1703. A Paris le 9. Aoust 1715.

ROBUSTEL, Syndic.

www.ingramcontent.com/pod-product-compliance
Ingram Content Group UK Ltd.
Pitfield, Milton Keynes, MK11 3LW, UK
UKHW021053220726
13924UKWH00005B/2090